D3전도중심제자훈련, 제자훈련과정 개정판

# 스피드제자만들기

## THE DISCIPLE MAKING

안창천

모든 그리스도인은 제자 삼는 삶을 살아가야 합니다

## welcome

## 스피드제자만들기

### 'D3전도중심제자훈련' 제자훈련과정 등록을 환영합니다

　먼저 '온가족튼튼양육'과 '파워8확신' 과정을 마치고 '스피드제자만들기' 과정에 등록하신 것을 진심으로 환영하고 축복합니다.

　주께서 우리를 구원하신 것은 단지 죽은 후 천국에 들어가도록 하기 위해서가 아니라 다른 사람을 전도하고 가르쳐서 제자 삼고, 그들이 또 다른 사람에게 그렇게 하도록 하기 위해서입니다. 즉 재생산을 하기 위해서입니다.

　그런데 재생산은 자동적으로 일어나지 않고 훈련을 통해서만 일어납니다. 허드슨 테일러가 "아무리 헌신이 되어 있다고 해도 훈련받지 않으면 하나님께 쓰임받지 못한다"라고 했듯이 하나님께 쓰임을 받으려면 훈련받아야 합니다.

　본서는 평신도 말씀사역자의 신앙적 뼈대를 세워줄 뿐 아니라, 실제로 그리스도의 제자로 살아가도록 하기 위해 만들어졌습니다. 따라서 본 교재로 훈련을 받으면 믿음에 굳게 서서 누구에게든지 복음을 전하여 가르치고 제자 삼는 삶을 살아갈 수 있습니다.

　아무쪼록 '스피드제자만들기'를 통하여 복음이 땅끝까지 전파되어 모든 민족이 속히 주께로 돌아오는 기적이 일어나게 되기를 간절히 소원합니다.

교 회
목 사

## 스피드제자만들기

### 본서의 활용법

　본서는 단순한 성경공부 프로그램이 아니라 평신도를 말씀사역자로 만들기 위한 훈련교재이므로 사용 시 몇 가지 주의해야 할 점이 있습니다.

- 본서는 'D3전도중심제자훈련'의 제자훈련과정 훈련교재이므로 '온가족튼튼양육'과 '파워8확신'을 마친 후에 사용하는 것을 권장합니다.

- 훈련은 80분 전후로 진행하되 피 훈련자의 반응에 따라 시간 조정이 가능하며, 큐티 나눔 및 성경암송 10분, 지난 훈련마당 복습 5분, 금주 훈련마당 40분, 찬송 및 합심기도 25분 등으로 진행하는 것이 효과적입니다.

- 본 훈련교재 과정에서는 각 과의 내용보다 큐티와 성경암송을 더 중요하게 다뤄야 합니다. 왜냐하면 소경이 소경을 인도할 수 없듯이 매일 말씀으로 하나님의 인도를 받지 않는 사람은 다른 사람을 주님께 인도할 수 없기 때문입니다.

contents

# 스피드제자만들기

훈련받는 제자 | 사역하는 제자

환영의 글

본서의 활용법

| 첫 번째 훈련마당 |
돌다리 두드리기 — 007

| 두 번째 훈련마당 |
제자삼는 제자 — 017

| 세 번째 훈련마당 |
큐티하는 제자 — 027

| 네 번째 훈련마당 |
하나님과 제자 — 035

| 다섯 번째 훈련마당 |
예수님과 제자 — 045

| 여섯 번째 훈련마당 |
성령님과 제자　　　　　　　　　　　　　　　055

| 일곱 번째 훈련마당 |
교회와 제자　　　　　　　　　　　　　　　065

| 여덟 번째 훈련마당 |
제자와 영적전쟁　　　　　　　　　　　　　073

| 아홉 번째 훈련마당 |
제자와 기도훈련　　　　　　　　　　　　　083

| 열 번째 훈련마당 |
제자와 전도훈련　　　　　　　　　　　　　093

| 열한 번째 훈련마당 |
제자와 청지기훈련　　　　　　　　　　　　101

| 열두 번째 훈련마당 |
제자와 언어훈련　　　　　　　　　　　　　111

첫 번째 훈련마당

# 돌다리 두드리기

"돌다리도 두드리라"는 말이 있듯이, 그리스도인은 구원의 확신이 있는지를 날마다 점검해야 합니다. 신앙생활에 있어서 구원의 확신을 갖는 것보다 더 중요한 것은 없습니다. 기초가 튼튼하지 못한 건물은 언제 무너질지 모르듯이, 구원의 확신이 든든하지 못한 신앙은 언제 무너질지 모릅니다. 당신은 구원받은 것을 확신합니까?

첫 번째 훈련마당
# 돌다리 두드리기

> **Question 1**
>
> 구원의 확신과 관련하여 가장 먼저 생각해야 할 것은 "자신이 구원받은 것을 미리 확신할 수 있느냐?"라는 것입니다. 혹자는 구원은 하나님의 소관이기 때문에 구원받은 것을 미리 확신할 수 없다고 주장합니다. 그러나 우리는 여러 가지 근거로 이미 구원받은 것을 확신할 수 있습니다. 무엇으로 그것을 확신할 수 있을까요?

### 💡 D3포인트

첫째로, 천국은 죄 없는 자만 갈 수 있는 곳인데, 예수께서 우리의 죄를 대신하여 십자가에 못 박혀 죽으시고 부활하신 것을 믿고 이미 죄 사함을 받았기 때문입니다.

둘째로, 하나님의 말씀을 통하여 확신할 수 있습니다. 즉 성경은 예수님을 믿는 순간 이미 구원받았고 영생을 얻었다고 말씀하고 있기 때문입니다(요 5:24; 롬 10:10; 요일 5:13).

셋째로, 성령님의 내적인 증거를 통하여 확신할 수 있습니다. 예수님을 믿는 순간 성령께서 우리 안에 거하셔서 우리가 하나님의 자녀인 것을 증거하시기 때문입니다(롬 8:16, 참조 고전 12:3).

넷째로, 죄에 대해 민감하게 반응하는 것을 통하여 확신할 수 있습니다. 구원받은 사람은 죄에서 건짐을 받았기 때문에 죄에 대하여 민감하게 반응할 수밖에 없습니다. 사도 바울도 예수님을 믿기 전에는 자신을 의롭다고 생각했지만, 구원받은 후에는 '죄인 중에 괴수'라고 고백했습니다(빌 3:6; 딤전 1:15).

다섯째로, 삶의 변화를 통하여 확신할 수 있습니다. 예수님을 믿으면 마귀의 자녀에서 하나님의 자녀가 되기 때문에 삶의 변화가 일어나는 것은 당연합니다(고후 5:17; 엡 4:22-24; 벧전 1:14-15; 벧후 1:4).

위 다섯 가지 중 자신에게 해당되는 것이 하나라도 있다면 그는 이미 구원받은 것입니다. 해당 사항과 구원의 확신은 비례합니다. 해당 사항이 많을수록 구원받은 것을 더욱 확신할 수 있습니다.

| 제자생각 |

### Question 2

성경은 예수께서 우리의 죄를 대신하여 십자가에 못 박혀 죽으시고 부활하신 것을 믿으면 구원받는다고 말씀하고 있습니다(롬 10:9-10). 따라서 복음을 믿은 사람은 이미 구원받은 것입니다. 그런데 구원의 확신이 흔들리는 사람들이 생각보다 많습니다. 왜 이런 현상이 일어날까요?

### 💡 D3포인트

사람마다 나름대로 이유가 있지만 몇 가지 중요한 이유를 소개하면 다음과 같습니다.

첫째로, 구원과 관련된 지식이 부족하기 때문입니다. 구원을 받았어도 구원에 관해 공부하지 않으면 구원의 확신이 흔들릴 수 있습니다. 따라서 예배를 드리는 것으로 만족하지 말고, 말씀을 가까이하고 교회의 교육프로그램에 참석하여 훈련을 받아야 합니다.

둘째로, 개인적으로 주님과 친밀한 교제를 나누지 않기 때문입니다. 주님과 친밀하게 교제하는 사람이 어찌 자신이 하나님의 자녀가 되었다는 것과 장차 천국에 들어갈 것을 의심하겠습니까?

셋째로, 마귀의 공격을 받기 때문입니다(눅 22:31-32). 마귀는 자녀를 빼앗기고 가만히 있지 않습니다. 이미 구원받은 것을 의심케 하고 구원의 감격과 기쁨을 빼앗아갑니다.

넷째로, 구원의 확신을 감정과 기분에 의존하기 때문입니다. 구원은 예수께서 우리의 죄를 위하여 십자가에 죽으시고 부활하신 사실을 믿음으로 받았기에 수시로 변하는 기분과 감정에 의존해서 구원의 여부를 판단해서는 안 됩니다.

다섯째로, '구원받는 믿음'과 '다른 믿음'을 혼동하기 때문입니다. '구원받는 믿음'이란 예수께서 우리의 죄를 위하여 십자가에 죽으시고 부활하신 사실을 믿는 믿음입니다. 이 믿음만 있으면 구원받습니다. 따라서 성령의 은사로 주시는 '은사적인 믿음'이나 말씀에 온전히 순종하는 '순종적인 믿음'이 없다고 구원받은 것을 의심해서는 안 됩니다.

여섯째로, 구원을 받았지만 하나님의 자녀다운 삶이 없기 때문입니다. 구원받은 후 삶의 변화가 일어나는 것은 지극히 당연합니다. 그런데 삶의 변화는 각자의 노력 여하에 따라 다르기 때문에 단지 삶의 변화를 가지고 구원의 여부를 판단해서는 안 됩니다.

| 제자생각 |

### Question 3

구원을 받기 위해서는 복음을 믿어야 할 뿐 아니라 믿음에 합당한 선한 행실이 있어야 한다고 주장하는 사람들이 있습니다. 이런 주장에 대하여 어떻게 생각하십니까?

#### D3포인트

- 복음을 믿는 것만으로는 부족하며 선한 행실이 있어야 구원을 받을 수 있다고 주장하는 데는 나름대로 이유가 있습니다.

첫째로, 성경에 행함이 있어야 구원을 받는 듯이 표현하는 구절들이 있기 때문입니다(마 7:21; 약 2:14-26). 그중에 대표적인 구절은 마태복음 7장 21절입니다. "나더러 주여 주여 하는 자마다 다 천국에 들어갈 것이 아니요 하늘에 계신 내 아버지의 뜻대로 행하는 자라야 들어가리라." 그런데 이 말씀은 하나님의 뜻대로 살아야 구원을 받을 수 있다는 뜻이 아닙니다. 이 말씀은 이미 구원받은 자들에게 말씀하신 것이기 때문에 하나님의 자녀는 마땅히 하나님의 뜻대로 살아야 한다는 것을 강조한 것입니다. 또한 야고보서 2장 14-26절도 거듭난 자는 그에 상응하는 행함이 있어야 한다는 것을 강조한 것이지 말씀대로 살아야 구원받을 수 있다는 뜻이 아닙니다.

둘째로, 성경에 구원이 한순간에 결정되지 않는다고 말씀하는 구절들이 있기 때문입니다(고전 9:27; 빌 2:12; 벧전 2:2). 그런데 이 구절들은 이미 얻은 구원의 완성을 향하여 나가야 한다는 뜻이지 아직 구원을 받지 못했기 때문에 구원을 얻기 위해 노력해야 한다는 뜻이 아닙니다. 성경은 여러 곳에서 복음을 믿는 순간 이미 구원을 받았고 영생을 얻었다고 말씀하고 있음을 알아야 합니다(요 5:24; 엡 2:5,8; 요일 5:13).

- 구원을 얻기 위해서 선한 행함이 있어야 한다고 주장해서는 안 되는 이유가 있습니다.

첫째로, 예수께서 십자가에서 "다 이루셨다"라고 말씀하셨기 때문입니다(요 19:30). 예수께서 십자가에 못 박혀 죽으심으로 구원을 완성하셨으므로 구원을 얻는데 별도의 선행이 필요하지 않습니다.

둘째로, 우리에게는 스스로 선을 행할 능력이 없기 때문입니다(롬 3:10). 구원을 받기 전에는 선을 행할 능력을 갖고 있지 않습니다. 구원받은 후에라야 하나님의 자녀답게 살 것을 요구할 수 있는 것입니다. 선행은 구원의 조건이 아니라 구원받은 자의 책임입니다.

셋째로, 성경은 여러 곳에서 오직 믿음으로 구원받는다고 말씀하고 있기 때문입니다. 성경은 구원을 하나님의 은혜이고 선물이라고 말씀하고 있기 때문에(롬 10:9-10) 선을 행해야 구원을 받을 수 있다고 주장해서는 안 됩니다.

| 제자생각 |

Question 4

모세는 애굽에서 해방되기 전날 이스라엘의 장로들을 불러서 다음과 같이 유월절 절기를 지키라고 명령했습니다. "유월절 양을 잡고 그 피를 문 인방과 좌우 설주에 뿌리고 한 사람도 집 문밖에 나가지 말라. 그러면 여호와께서 애굽 사람들에게 재앙을 내리려고 지나가실 때에 그 피를 보시면 그 문을 넘으시고 멸하는 자에게 그들의 집에 들어가서 그들을 치지 못하게 하실 것이다"(출 12:21-27). 그러자 이스라엘 백성들은 장로들로부터 모세의 말을 전해 듣고 세 가지 반응을 보였습니다. A집은 말씀대로 양을 잡아 문 인방과 좌우 설주에 피를 뿌린 후 기쁨이 충만한 상태로 있었고, B집은 말씀대로 양을 잡아 문 인방과 좌우 설주에 피를 뿌렸지만 불안에 떨었고, C집은 말씀대로 양을 잡아 문 인방과 좌우 설주에 피를 뿌린 후 가족 중의 일부는 기쁨이 충만한 상태로 있었고 일부는 불안한 상태로 있었습니다. 위 세 집 가운데 재앙이 임할 때에 죽음을 맛보지 않은 집은 어느 집일까요?

### D3포인트

애굽의 장자 재앙을 피하기 위해서는 말씀대로 문 인방과 좌우 설주에 어린 양의 피를 바르기만 하면 됩니다(문 인방은 좌우 기둥을 가로지르는 막대기를 말하고, 좌우 설주란 좌우 기둥을 뜻합니다). 그런데 세 집 모두 말씀대로 문 인방과 좌우 설주에 피를 발랐기 때문에 모두 재앙을 당하지 않았습니다. 구원은 순간순간의 감정에 따라 좌우되는 것이 아닙니다.

| 제자생각 |


Question 5

다음의 글을 읽고 질문에 답하세요. "배가 앞으로 나아가기 위해서는 양쪽의 노를 같은 속도로 저어야 합니다. 마찬가지로 우리가 구원을 받기 위해서는 한편으로는 예수께서 십자가에 못 박혀 죽으시고 부활하신 사실을 믿을 뿐 아니라 다른 한편으로는 믿음에 합당한 삶을 살아야 합니다." 당신은 이 글에 대해 어떻게 생각합니까?

### D3포인트

배가 앞으로 나아가기 위해서 양쪽의 노를 저어야 한다는 말은 맞지만, 구원을 받기 위해서 믿음뿐만 아니라 선한 행실이 있어야 한다는 말은 틀립니다. 구원을 얻기 위해서는 믿음만 필요하지 선한 행실은 필요하지 않습니다. 선한 행실은 마지막 상급에만 영향을 미칠 뿐입니다. 구원받기 위해 선한 행실이 필요하다면 착한 일을 얼마나 해야 하고, 또 어느 시점의 선한 행실을 보고서 구원의 여부를 결정하겠습니까?

| 제자생각 |


### Question 6

구원과 관련하여 계속해서 논쟁이 되고 있는 것은 한번 구원받으면 그 효력이 영원하냐는 것입니다. 즉 구원받은 후 예수님을 끝까지 믿지 않아도 구원받을 수 있느냐는 것입니다. 이에 대해 어떻게 생각합니까?

### D3포인트

이것은 하나님의 절대주권과 인간의 자유의지가 구원에 어떻게 영향을 미치느냐에 대한 질문입니다. 성경은 구원을 받는 데 두 가지 요소, 즉 '하나님의 은혜'와 '인간의 믿음'이 필요하다고 가르치고 있습니다(엡 2:8-9). 그런데 절대주권과 자유의지 중 어느 것을 강조하느냐에 따라 전혀 다른 주장이 가능합니다. 하나님의 절대주권을 강조하면 한번 구원받으면 그 효력이 영원하다는 주장이 가능하고, 인간의 책임을 강조하면 이미 얻은 구원이라도 중도에 잃을 수 있다는 주장이 가능합니다.

| 제자생각 |

### Question 7

종교개혁자 루터가 "구원의 확신이 없으면 그동안의 신앙을 토해낸다"라고 했듯이, 신앙생활에서 가장 중요한 것은 구원의 확신을 갖는 것입니다. 어떻게 하면 구원의 확신을 유지할 수 있을까요?

### 💡 D3포인트

첫째로, 우리가 얻은 구원을 어느 누구도 빼앗아갈 수 없음을 확신해야 합니다. 왜냐하면 구원을 주신 하나님께서 만유보다 크시기 때문입니다(마 10:28-29).

둘째로, 날마다 하나님과 교제해야 합니다. 하나님과 친밀하게 교제하는 사람은 자신이 구원받은 것을 의심하지 않습니다.

셋째로, 하나님의 구원을 현재적으로 경험해야 합니다. 삶 속에서 날마다 하나님의 구원을 경험하면 이미 구원받은 것을 의심하지 않습니다.

넷째로, 성령으로 충만한 삶을 살아가야 합니다. 성령께서 친히 우리가 하나님의 자녀임을 확신시켜 주시기 때문에 성령 충만하면 구원의 확신을 유지할 수 있습니다(롬 8:16; 고전 12:3).

| 제자생각 |

### Question 8

구원의 확신을 가지고 있다면 마땅히 복음을 전해야 합니다. 그런데 이때 구원 간증을 사용하면 복음을 보다 설득력 있게 전할 수 있습니다. 구원 간증을 어떻게 준비하면 좋을까요?

#### D3포인트

구원 간증은 크게 세 부분, 즉 구원받기 전의 삶과 구원을 받게 된 경위와 구원받은 후의 삶을 다뤄야 합니다. 사도 바울도 이렇게 간증해서 복음을 증거했습니다(행 22:1-21, 26:12-18). 물론 모든 사람이 바울처럼 극적으로 구원받는 것은 아닙니다. 하지만 이런 내용으로 간증하면 상대방이 마음의 문을 여는 데 도움이 됩니다.

| 제자생각 |

#### 다음 훈련마당 준비

- 두 번째 훈련마당을 미리 공부하세요.
- 마태복음 28:18-20절을 암송하세요.
- 십계명을 암송하세요.

두 번째 훈련마당

# 제자삼는 제자

예수께서 승천하시면서 "너희는 가서 모든 민족을 제자로 삼으라"고 명령하신 것은 예수께서 이루신 구속사역을 가장 효과적으로 전파할 수 있는 방법이 제자훈련이기 때문입니다. 하나님의 꿈은 모든 사람이 구원받는 것입니다. 따라서 우리는 이 꿈을 이루어드리기 위해 먼저 제자가 되어야 하고, 비신자를 전도하여 제자 삼아야 합니다. 제자는 태어나지 않고 훈련으로 만들어집니다.

## 두 번째 훈련마당
# 제자삼는 제자

### Question 1

예수께서 승천하시면서 제자들에게 "너희는 가서 모든 민족을 제자로 삼아 아버지와 아들과 성령의 이름으로 세례를 베풀고 내가 너희에게 분부한 모든 것을 가르쳐 지키게 하라"(마 28:19-20)고 명령하셨습니다. 그런데 이 명령에는 여러 동사 즉 '가라', '세례를 주라', '가르치라', '제자 삼으라' 등이 나오기 때문에 한마디로 무엇을 하라는 명령인지 쉽게 알 수 없습니다. 주님께서 우리에게 마지막으로 부탁하신 명령은 무엇일까요?

#### 💡 D3포인트

한글과 영어성경에는 지상명령에 여러 동사가 나오지만 헬라어 성경에는 하나밖에 없습니다. 즉 헬라어 성경에는 '제자 삼으라'만 동사형태로 되어 있고, 나머지 '가라', '세례를 주라', '가르치라'는 분사형태로 되어 있습니다. 따라서 주님의 마지막 명령은 '제자 삼으라'는 것입니다.

| 제자생각 |

### Question 2

제자 삼는 것은 주님의 지상명령이므로 그리스도인이라면 마땅히 제자 삼는 삶을 살아가야 합니다. 그런데 우리의 현실은 어떻습니까? 대부분의 그리스도인들이 다른 명령에는 순종하려고 애를 쓰지만 주님의 지상명령에는 관심조차 두지 않습니다. 이런 현상을 어떻게 이해해야 할까요?

#### 💡 D3포인트

주님의 마지막 명령이 제자 삼으라는 것인데, 이 명령을 순종하지 않고 다른 명령을 순종하는 것은 본말이 전도된 것입니다. 당신이 제자를 삼고 있지 않다면 하나님의 명령에 불순종하고 있는 것입니다. 주님의 뜻에 온 전히 순종하기 원한다면 반드시 '제자 삼으라'는 명령에 순종해야 합니다.

| 제자생각 |

### Question 3

주님께서 우리에게 "모든 민족을 제자 삼으라"고 명령하셨지만, 이런저런 이유로 제자훈련을 부정적으로 생각하거나 심지어 반대하는 사람조차 있습니다. 그들에게 어떻게 답변하면 좋을까요?

■ 제자훈련을 하면 교회에 각종 문제가 발생한다는 이유로 반대하는 경우

#### D3포인트

우리가 주님의 명령에 순종해서 제자를 삼는다 할지라도 아무런 문제가 발생하지 않는 것이 아닙니다. 사람이 제자훈련을 하기 때문에 얼마든지 문제가 발생할 수 있습니다. 그러나 제자훈련으로 얻는 유익이 훨씬 더 많기 때문에 반드시 제자를 삼아야 합니다(잠 14:4).

■ 예수님의 제자로 만들지 않고 개인의 제자로 만든다는 이유로 반대하는 경우

#### D3포인트

당연히 제자훈련은 예수님의 제자가 되도록 훈련하는 것입니다. 그런데 보이는 형제를 사랑하지 않고서는 보이지 않는 예수님을 사랑할 수 없듯

이, 보이는 사람의 제자가 되지 않고서는 보이지 않는 예수님의 제자가 될 수 없습니다(참조. 요일 4:20). 따라서 예수님의 제자가 되기 위해서는 먼저 영적지도자의 제자가 되어야 합니다.

- ■ 신학을 공부하지 않은 평신도는 하나님의 말씀을 가르칠 수 없다는 이유로 반대하는 경우

### D3포인트
 제자 삼으라는 명령은 모든 그리스도인에게 주어졌기 때문에 신학을 공부한 사람만 제자 삼을 수 있다고 주장하는 것은 옳지 않습니다. 만일 신학을 공부한 사람만 제자 삼을 수 있다면 어떻게 세계 복음화가 급속히 이루어지겠습니까? 성경은 상호 간의 가르침에 대하여 말씀하고 있기 때문에 평신도도 하나님의 말씀을 가르칠 수 있습니다(살전 5:11). 또한 먼저 가르치는 훈련을 받으면 다른 사람을 가르칠 수 있기 때문에(딤후 2:2) 평신도도 얼마든지 하나님의 말씀을 가르치고 제자 삼을 수 있습니다.

- ■ 제자훈련으로 부흥한 교회들이 세상의 본이 되지 못한다는 이유로 반대하는 경우

### D3포인트
 소위 제자훈련으로 부흥했다고 하는 교회들이 각종 문제로 사회에 물의를 빚고 있는 것은 매우 안타까운 일입니다. 그런데 제자 삼는 것은 만왕의 왕이신 주님의 명령이기에 모든 그리스도인은 말씀훈련을 받고 제자 삼는 삶을 살아가야 합니다.

| 제자생각 |

Question 4

왜 예수께서는 구속사역을 완성하시기 전, 먼저 열두 사람을 선택하여 제자훈련을 하시고, 또한 구속사역을 완성하신 후 마지막으로 그들에게 제자 삼으라고 당부하셨을까요?

💡 D3포인트

예수께서 성취하신 구속사역을 모든 사람들에게 가장 효과적으로 전파할 수 있는 방법이 제자훈련이기 때문입니다. 제자훈련은 주님께서 친히 가르쳐주신 가장 효과적인 전도법입니다. 제자훈련을 통해 전도하는 것보다 더 효과적으로 복음을 전할 수는 없습니다. 제자훈련은 단순 증가가 아닌 배가를 가져옵니다. 만일 열 명이 한 사람씩 제자를 삼을 경우 십 년이면 만 명이 넘는 사람을 구원할 수 있습니다.

| 제자생각 |

Question 5

예수께서는 제자들에게 세 가지 사역, 즉 가르치고, 전파하고, 치유하는 사역을 훈련하셨습니다(마 4:23, 마 9:35; 참조 막 3:13-15). 그런데 우리는 건물 안에서 성경공부만 하고 세상에 나가서 복음을 전하도록 훈련하지 않습니다. 또 복음을 전해도 말로만 전하지 성령의 능력으로 전하도록 훈련하지 않습니다. 이제 우리의 제자훈련이 어떻게 바뀌어야 할까요?

### 💡 D3포인트

예수께서 제자훈련의 모델이시므로 우리도 예수님처럼 제자훈련을 해야 합니다. 즉 비신자를 찾아가서 복음을 전할 수 있도록 가르치고, 또한 복음을 전하되 말로만 전하지 말고 성령의 능력으로 전하도록 훈련해야 합니다. 참고로 예수께서 성령으로 제자를 삼으셨기 때문에 제자훈련사역과 성령사역을 별개의 것으로 보지 말고, 본질적으로 동일한 사역으로 이해해야 합니다(더 자세한 내용은 〈왕처럼 사역하라〉, 우리하나, 안창천 저, 참조).

| 제자생각 |

### Question 6

제자훈련의 궁극적인 목표는 재생산입니다. 즉 구원받은 사람이 또 다른 사람을 전도하도록 하는 것입니다. 그런데 그렇게 되려면 구원받은 자의 삶에 변화가 일어나야 합니다. 그래서 예수께서 "가서 제자 삼으라"고 하시면서 "내가 너희에게 분부한 모든 것을 가르쳐 지키게 하라"(마 28:20)고 말씀하신 것입니다. 어떻게 하면 이 명령에 순종하게 할 수 있을까요?

### 💡 D3포인트

예수께서 정말 구원자이심을 깨닫도록 해야 합니다. 예수님을 믿지만 돈을 구원자라고 생각하면 하나님의 말씀대로 살아갈 수 없습니다. 어떻게 하면 예수님을 구원자로 믿고 살아가게 할 수 있을까요? 초대교회처럼 예수께서 구원자라고 반복해서 훈련해야 합니다. 사도들이 이미 구원받은 성도들에게 반복해서 예수는 그리스도라고 가르치고 전도하는 훈련을 하자, 그들이 세상에 나가 담대히 복음을 전하고 가르쳤습니다.

| 제자생각 |

**Question 7**

예수께서는 제자가 되겠다고 좇는 자들에게 먼저 자기를 부인하고 자기 십자가를 져야 한다고 말씀하셨습니다(마 16:24; 막 8:34; 눅 9:23). 이를 통하여 우리는 무엇을 깨달아야 할까요?

**D3포인트**

예수님의 제자는 일정 기간의 훈련만으로 만들어지지 않는다는 것입니다. 즉 예수께서 하나님의 뜻에 따라 자신의 목숨을 십자가에 내어주신 것처럼, 우리도 우리의 뜻을 포기하고 하나님의 뜻에 순종하는 삶을 살아가야 예수님의 제자가 될 수 있습니다.

| 제자생각 |

**Question 8**

평신도들이 초대교회와 같이 제자훈련을 받으면 목회자처럼 하나님의 말씀을 전하고 가르치게 됩니다. 이처럼 평신도가 말씀사역을 주도하는 교회를 '평신도사역형교회'라고 하고, 오직 목회자만 말씀사역을 주도하는 교회를 '목회자사역형교회'라고 부릅니다. 그런데 하나님께서 의도하신 교회는 '목회자사역형교회'가 아니라 '평신도사역형교회'이기 때문에 모든 교회는 '평신도사역형교회'로 전환해야 합니다. 그런데 이렇게 하기 위해서는 무엇보다도 평신도가 자신을 목회의 주체로 생각해야 합니다. 당신은 목회의 주체가 누구라고 생각하고 있습니까?

### 💡 D3포인트

전통적으로 목사가 목회를 한다고 생각해왔습니다. 그런데 성경은 말씀훈련을 받은 평신도와 함께 하는 것이라고 가르치고 있습니다(엡 4:11-12). 그래서 사도 바울은 로마교회의 성도들에게 보낸 편지에서 많은 평신도들의 이름을 거론하며, 그들을 자신의 '동역자'라고 한 것입니다(롬 16:3, 9, 21). 엄밀히 말하면 평신도가 목회를 해야 하고 목회자는 평신도가 목회를 잘하도록 코칭하고 감독해야 합니다. 평신도는 목회의 대상이 아니라 목회의 주체임을 알아야 합니다.

| 제자생각 |


### Question 9

예수께서 "가서 모든 민족을 제자로 삼으라"고 하시면서 "볼지어다 내가 세상 끝날까지 너희와 항상 함께 있으리라"고 약속하신 것은 하나님께서 함께 하시지 않으면 모든 민족을 제자로 삼을 수 없기 때문입니다. 제자 삼는 일은 마귀와의 영적 전쟁이기 때문에 우리의 힘과 능력만으로는 감당할 수 없습니다. 각자 제자 삼는 일에 예상되는 어려운 점을 나누고 함께 기도합시다.


### 💡 D3포인트

제자 삼기 위해서는 먼저 복음을 전해서 예수님을 영접시키고 그의 믿음이 자라도록 양육해야 합니다. 그런데 마귀가 그렇게 하도록 그냥 내버려두지 않습니다. 왜냐하면 그렇게 하면 하나님의 나라가 확장되어 그만큼 마귀의 활동 영역이 줄어들게 되기 때문입니다. 따라서 우리는 임마누엘의 확신을 갖고 마귀와의 영적전쟁에서 승리하기 위해 주님 앞에 무릎 꿇어야 합니다.

| 제자생각 |

---

📝 **다음 훈련마당 준비**

- 세 번째 훈련마당을 미리 공부하세요.
- 주님께서 가르쳐주신 기도를 암송하세요.
- 성경의 목차들을 암송하세요.('성경목록가'를 암송해도 좋습니다).
  신약성경 : 마막눅요행롬고전후, 갈엡빌골살전후딤전후딛몬, 히약벧전후요일이삼유계
  구약성경 : 창출레민신수삿룻, 삼상하왕상하대상하, 스느에욥시잠전아, 사렘애겔단호욜암,
  옵욘미나합습학슥말

### 세 번째 훈련마당
# 큐티하는 제자

:

큐티는 말씀과 기도로 하나님과 교제하는 것을 뜻합니다. 제자는 하나님과의 교제를 통하여 주님의 음성을 듣고 그분의 뜻에 순종해야 합니다. '큐티'라는 이름으로 하나님과 교제하지 않아도 하나님의 말씀대로 순종한다면 그는 최고의 큐티를 하고 있는 것입니다. 제자훈련 과정에서 큐티를 몸에 배게 하는 것보다 더 중요한 것은 없습니다. 왜냐하면 큐티를 통하여 주님의 음성을 듣지 못하면 하나님의 말씀에 순종할 수 없고 그리스도의 제자로 살아갈 수 없기 때문입니다.

## 세 번째 훈련마당
# 큐티하는 제자

**Question 1**

큐티(Q.T)는 'Quiet Time'(고요한 시간)의 첫머리 글자를 딴 것으로 우리말로는 '경건의 시간', '하나님과 교제의 시간', '묵상의 시간' 등으로 번역되고 있습니다. 큐티는 1882년 후퍼(Hooper)와 도르튼(Thorton)을 비롯한 영국 케임브리지 대학의 7명의 학생이 자신들이 그리스도인임에도 불구하고 속마음은 세속적인 생각으로 꽉 차 있는 것을 발견하고 해결 방법을 찾던 중 하루의 일정한 시간을 성경 읽기와 기도로 하나님과 교제하기를 시작한 데서 비롯된 것입니다. 전통적인 방식으로 예배에 참석하여 말씀과 기도로 하나님과 교제하며 믿음을 성장시킬 수도 있습니다. 그런데 굳이 큐티를 해야 하는 이유는 무엇일까요?

### 💡 D3포인트

첫째로, 하나님께서 시간과 장소에 상관없이 우리와 교제하기를 원하시기 때문입니다. 예배는 특정한 시간과 장소에서만 가능하지만 큐티는 언제 어디서나 할 수 있습니다.

둘째로, 하나님께서 개인적으로 우리와 교제하기를 원하시기 때문입니다. 하나님께서는 교회 공동체와 교제하기를 원하시지만 개별적으로도 교제하기를 원하십니다.

셋째로, 큐티를 하면 예배를 통해 얻을 수 없는 유익을 얻게 되기 때문입니다. 예를 들어 주님의 음성을 '날마다' 듣게 되어 주님의 인도를 보다 더 잘 받게 되고(시 110:105), 주님과 '날마다' 교제하므로 믿음이 강해져서 죄의 유혹을 이길 수 있고(시 119:9-11, 133), 하나님의 말씀을 '날마다' 섭취하므로 영적으로 건강하게 되는(벧전 2:2) 등 많은 유익이 있기 때문입니다.

| 제자생각 |

> **Question 2**
>
> 　그런데 큐티의 필요를 알고 있지만 큐티에 성공하는 사람들은 그리 많지 않습니다. 왜 이런 현상이 일어나는 것일까요?

### 💡 D3포인트

　첫째로, 큐티를 어렵게 생각하거나 방법을 몰라 시도 자체를 하지 않기 때문입니다. 그러나 큐티는 어려운 것도 아니고 특별한 방법이 있는 것도 아닙니다. 큐티는 누구나 할 수 있습니다.

　둘째로, 큐티를 삶의 최고 우선순위에 두지 않기 때문입니다. 시간적으로 여유가 있을 때만 큐티를 하는 사람은 큐티에 성공할 수 없습니다.

　셋째로, 큐티의 필요성을 절감하지 못하기 때문입니다. 단지 큐티를 해야 한다는 것을 아는 것만으로는 큐티에 성공할 수 없습니다.

　넷째로, 큐티를 시도해 보지만 이런저런 이유로 중간에 그만두기 때문입니다. 즉 지속적으로 하지 않기 때문입니다. 짧은 시간 큐티를 해도 지속적으로 해야 합니다.

| 제자생각 |


> **Question 3**
>
> 　큐티에는 많은 유익성이 있지만 모든 그리스도인이 반드시 큐티를 해야 하는 것은 아닙니다. 그런데 말씀사역자가 되려면 큐티를 꼭 해야 합니다. 왜 그럴까요?

### 💡 D3포인트

　첫째로, 하나님께서 우리가 말씀사역을 하기에 앞서 먼저 그분과 친밀한 교제를 갖기를 원하시기 때문입니다. 예수께서도 사역을 앞두고 먼저 하나님과 친밀한 교제를 가지셨습니다.

둘째로, 말씀사역자는 영적으로 다른 사람을 인도하는 지도자이기 때문입니다. 맹인이 맹인을 인도할 수 없듯이 큐티를 통하여 주님의 음성을 자주 듣지 못하면 다른 사람을 영적으로 바르게 인도할 수 없습니다.

셋째로, 영적으로 건강해야 말씀사역을 온전히 감당할 수 있기 때문입니다. 매일 큐티를 통하여 영의 양식을 섭취해야 영적으로 건강하게 되어 말씀사역을 온전히 감당할 수 있습니다.

| 제자생각 |

### Question 4

큐티에 성공하기 위해서는 3가지 요소를 포함해야 합니다. 성경 말씀을 묵상해야 하고, 묵상한 것을 삶에 적용해야 하고, 삶에 적용한 것을 다른 사람과 나눠야 합니다. 즉 묵상, 적용, 나눔이 있어야 합니다. 그런데 그중에서 가장 중요한 요소는 무엇일까요?

#### 💡 D3포인트

큐티에 있어서 가장 중요한 것은 묵상입니다. 왜냐하면 묵상이 없이는 삶에 적용과 나눔이 불가능하기 때문입니다. 묵상의 어원은 라틴어로 '메디켈루스'인데 여기서 '약(Medicine)'이 유래되었습니다. 즉 먹은 약이 온몸에 퍼져야 약효를 내듯이, 읽거나 들은 말씀을 묵상해야 영혼에 스며들어 말씀대로 살 수 있는 것입니다. 모세가 여호수아에게 "이 율법책을 네 입에서 떠나지 말게 하며 주야로 그것을 묵상하여 그 안에 기록된 대로 다 지켜 행하라 그리하면 네 길이 평탄하게 될 것이며 네가 형통하리라"(수 1:8)고 말했듯이, 주야로 말씀을 묵상해야 말씀대로 살게 되고 형통한 인생을 살아갈 수 있습니다.

| 제자생각 |

Question 5

큐티를 하는 방법은 다양합니다. 그런데 매일 큐티에 성공하려면 쉬운 큐티 방법을 선택해야 합니다. 어떻게 하면 큐티에 성공할 수 있을까요?

### D3포인트

누구나 쉽게 할 수 있는 '원포인트 큐티'를 소개합니다. '원포인트 큐티'는 성경 본문을 통해 깨달은 말씀 가운데 가장 크게 마음에 부딪친 것을 묵상하고 삶에 적용하는 것입니다. 예를 들어 창세기 12장 1-4절을 가지고 '원포인트 큐티'를 한다고 합시다. 본문을 읽으면서 마음에 부딪치는 것들이 있을 것입니다. 아브라함이 '즉시' 하나님의 말씀에 순종한 것이, 아브라함이 '하나님의 말씀을 따라' 간 것이, 하나님께서 아브라함을 복이 되게 하신다는 '약속'이, 아브라함이 본토 친척 아비 집을 떠난 '나이' 등이 마음에 부딪힐 수 있습니다. 이 중에서 가장 마음에 크게 부딪친 것을 계속해서 묵상하고 삶에 적용하면 됩니다.

| 제자생각 |

Question 6

마태복음 1장 18-25절을 읽고 다음의 절차에 따라 실제로 '원포인트 큐티'를 해보겠습니다.

첫째로, 마음의 평정을 유지할 수 있는 조용한 시간과 장소를 찾습니다. 마음은 말씀을 담는 그릇이기 때문에 주변이 복잡하면 말씀에 집중할 수 없어 온전히 그 의미를 깨닫기 어렵습니다.

둘째로, 성경을 읽기 전 기도로 준비합니다(시 119:18). 기도하면 성령께서 말씀을 깨닫도록 도우십니다.

셋째로, 주님께서 자신에게 말씀하실 것을 믿고 주의 깊게 천천히 반복해서 읽습니다(사 34:16). 급히 음식을 먹으면 음식의 맛을 알 수 없듯이, 말씀을 성급히 읽으면 주님의 음성을 들을 수 없습니다.

넷째로, 주님께서 들려주시는 교훈, 약속, 명령, 경고 등 다양하게 주님의 음성을 듣습니다. 그중에서 가장 마음에 부딪친 말씀을 묵상합니다.

다섯째로, 주님의 음성대로 살아가도록 기도할 뿐 아니라 행동으로 옮겨질 때까지 계속 묵상합니다.

여섯째로, 삶에 적용한 말씀을 다른 사람과 나눕니다. 나눔은 일종의 운동입니다. 음식을 먹고 적당한 운동을 하면 몸이 건강해지듯이, 큐티를 나누면 영적으로 건강해집니다.

### 💡 D3포인트

마태복음 1장 18-25절을 본문으로 한 원포인트 큐티를 소개합니다.

#### 부딪친 말씀

"이 일을 생각할 때에 주의 사자가 현몽하여 이르되 다윗의 자손 요셉아 네 아내 마리아 데려오기를 무서워하지 말라 그에게 잉태된 자는 성령으로 된 것이라"(20절).

#### 말씀 묵상

본문은 요셉이 마리아의 임신 사건으로 그녀와의 관계를 끊고자 생각할 때에 주의 사자를 통하여 마리아의 임신이 성령으로 된 것임을 알게 되었다고 말씀하고 있다. 만일 요셉이 마리아와의 관계를 단절하는 과정에서 생각하는 단계를 거치지 않고 곧바로 행동에 옮겼다면 어떻게 되었을까? 아마도 예수님의 육신의 아버지가 되는 영광은 누릴 수 없었을 것이다. 나는 뜻밖의 일을 당할 때 어떻게 대처하는가? 먼저 생각하는 단계를 거친 후 행동으로 옮기는가? 아니면 눈에 보이고 귀에 들리는 것에 따라 행동을 하는가? 후자의 경우가 훨씬 많다. 그래서 손해를 보고 어려움을 당한 경우가 비일비재하다. 성령께서는 조급하게 행동하는 자를 인도하시지 않고 생각하는 단계를 통하여 주님의 뜻을 찾는 자를 인도하신다.

적용 기도

"주님! 성격이 조급해서 깊이 생각하지 않고 행동할 때가 많습니다. 말하고 행동하기 전, 더 깊이 생각하여 주의 음성을 듣고 주의 뜻에 순종하게 하소서."

| 제자생각 |


### Question 7

혹 날마다 큐티를 통해서 주님과 친밀하게 교제하고, 영적인 건강을 누리고, 말씀에 순종하는 삶을 살아가고 있을지라도 교회생활을 소홀히 해서는 안 됩니다. 왜 그럴까요?

💡 D3포인트

우리가 각각 복음을 믿음으로 구원받고 하나님의 자녀가 되지만 공동체의 일원이 되어 교회를 섬겨야 할 의무가 있기 때문입니다. 이는 마치 한 생명이 태어나는 순간 가족의 구성원이 되는 것과 같은 이치입니다. 따라서 큐티를 통해 영적으로 풍성한 삶을 살고 있어도 지역교회에 참석하여 예배, 교육, 전도, 교제, 봉사 활동에 적극 참여해야 합니다.

| 제자생각 |

### Question 8

중국 선교의 선구자인 허드슨 테일러는 스물다섯 젊은 나이에 중국 땅을 밟아 평생 동안 중국 선교에 헌신했습니다. 그는 사람들로부터 "일생을 선교사로 보내면서 행복할 수 있었던 비결이 무엇이냐?"라는 질문을 받을 때마다 다음과 같이 말했다고 합니다. "나의 헌신과 행복의 비결은 하루를 어떻게 시작하느냐에 달려 있습니다. 연주자는 음악회가 시작되기 전에 악기를 조율합니다. 음악회가 끝난 뒤 조율한다면 어리석은 일이겠죠? 나는 아침에 일어나면 하나님의 뜻에 나의 생각을 맞추는 일부터 시작합니다. 그러면 인생이 보람되고 행복해지게 마련입니다." 신앙생활을 건강하고 행복하게 하기를 원한다면 날마다 큐티를 해야 합니다. 그렇게 하기로 결단하시겠습니까?

#### D3포인트

하나님께서 말씀으로 이 세상을 만드셨고 말씀대로 이 세상을 통치해 가시기 때문에 큐티를 통하여 주님의 음성을 듣고 순종하면 이 세상뿐 아니라, 천국에서도 영원히 성공할 수 있습니다. 당신도 매일 큐티에 성공하면 건강하고 행복한 신앙생활을 할 수 있습니다. 지금 결단하고 실행해야 합니다.

| 제자생각 |

#### 다음 훈련마당 준비

- 네 번째 훈련마당을 미리 공부하세요.
- 호세아 6장 3절, 예레미야 23장 24절을 암송하세요.
- 경건의 시간을 가지세요.

## God

네 번째 훈련마당

# 하나님과 제자

제자는 하나님께서 어떤 분이신지를 정확히 알아야 합니다. 하나님께서는 비공유적 속성(전지, 전능, 영원, 불변, 편재)과 공유적 속성(사랑, 거룩, 온유, 자비, 인자)을 갖고 계십니다. 하나님께서는 삼위일체 즉 성부, 성자, 성령으로 존재하시고 작정, 창조, 섭리로 사역하십니다. 제자는 하나님의 뜻에 순종하고 하나님의 영광을 위해 살아가야 합니다(고전 10:31).

### 네 번째 훈련마당
# 하나님과 제자

### Question 1

성경은 영원 전부터 하나님께서 계시다고 말씀하고 있지만, 세상 사람들은 눈으로 볼 수 없다며 하나님의 존재를 믿지 않으려고 합니다. 이런 사람들에게는 어떻게 말하면 좋을까요?

#### D3포인트

세상에는 눈에 보이지 않지만 존재하는 것이 너무나 많습니다. 따라서 눈에 보이지 않는다고 하나님의 존재를 부인하는 것은 타당하지 않습니다. 하나님께서는 영이시기 때문에 눈에 보이지 않는 것은 지극히 당연한 것입니다. 우리의 눈으로 하나님을 볼 수 없는 것은 존재하시지 않기 때문이 아니라 너무 크시기 때문입니다. 단지 눈에 보이지 않는다고 하나님의 존재를 부인하는 것은 과학적 사고의 함정에 빠져 있기 때문입니다.

| 제자생각 |


### Question 2

사람들은 각종 두려움을 느끼거나 뜻하지 않은 고통을 당하면 신을 찾습니다. 왜냐하면 하나님께서 인간에게 신을 찾는 마음을 주셨기 때문입니다(전 3:11). 그런데 사람들이 찾는 신 중에는 진짜 신이 있는가 하면 가짜 신이 있습니다. 우리가 섬기는 신이 진짜이고 타 종교가 섬기는 신이 가짜인지를 어떻게 알 수 있을까요?

#### D3포인트

가짜 신인지 진짜 신인지를 판단하는 기준은 여러 가지가 있지만, 가장 중요한 것은 신이 인격성을 갖고 있느냐 없느냐에 달려 있습니다. 신에게 인격성이 있다는 것은 신과 사람 사이에 교제가 가능하다는 뜻입니다. 아무리 불러도 반응이 없는 신은 가짜이고, 부를 때 응답하는 신은 진짜입니다. 그래서 엘리야 선지자는 갈멜산에서 바알 선지자들에게 "너희는 너희 신의 이름을 부르라 나는 여호와의 이름을 부르리니 이에 불로 응답하는 신 그가 하나님이니라"(왕상 18:24)고 했던 것입니다. 물론 타 종교에서도 그들이 섬기는 신에게 기도하면 응답해준다고 말합니다. 그런데 기독교처럼 신과의 친밀함이 없을뿐더러 그 교제에 한계가 있음을 알아야 합니다.

| 제자생각 |

### Question 3

우리는 하나님의 은혜로 하나님의 자녀가 되었습니다(요 1:12). 이보다 영광스럽고 복된 일은 없습니다. 그런데 단지 하나님의 자녀가 된 것으로 만족해서는 안 됩니다. 하나님을 알기 위해 더욱 힘써야 합니다(호 6:3). 어떻게 하면 하나님을 더 알 수 있을까요?

### 💡 D3포인트

하나님께서 어떤 분이신지 잘 알기 위해서는 무엇보다 성경을 가까이해야 합니다. 왜냐하면 하나님께서 말씀을 통하여 자신을 계시하셨기 때문입니다. 기독교를 말씀의 종교라고 하는 것은 바로 이 때문입니다. 기독교는 신비스러운 종교이지만 말씀을 벗어나서는 안 됩니다. 제자는 늘 말씀을 가까이하고 순종해야 합니다.

| 제자생각 |

**Question 4**

> 하나님께서 구체적으로 어떤 분이신지를 알기 위해서는 그분의 성품을 알아야 합니다. 하나님의 성품은 크게 두 가지로 구분할 수 있습니다. 하나는 오직 하나님께서만 가지고 계신 성품(비공유적 속성)이고, 다른 하나는 사람과 함께 가지고 계신 성품(공유적 속성)입니다. 하나님의 비공유적 속성은 무엇일까요?

■ **첫째로, 전지하십니다**(요일 3:20; 대상 28:9; 시 139:1-4).

'하나님께서 전지하시다'는 말은 '하나님께서는 모르시는 것이 하나도 없다'는 뜻입니다. 하나님께서 모든 것을 아신다는 것이, 당신에게 두려움이 됩니까? 아니면 위로가 됩니까?(마 10:29-31)

### D3포인트
억울하게 고난을 당하는 경우에는 위로가 될 것이고, 은밀하게 죄를 짓거나 불순종하는 경우에는 두려움이 될 것입니다.

■ **둘째로, 전능하십니다.**

'하나님께서 전능하시다'(출 6:3; 계 19:6)는 것은 '그분께서는 못하시는 것이 전혀 없다는 뜻'입니다(욥 42:2). 하나님의 전능하심을 실제로 믿는다면 우리 삶에 어떤 변화가 일어날까요?

### D3포인트
하나님께서는 전능하신 능력으로 그분의 자녀들을 도우시기 때문에(시 147:5; 엡 3:20), 우리는 어떤 상황을 만나도 걱정하거나 염려할 필요가 없습니다.

■ 셋째로, 영원하십니다.

'하나님께서 영원하시다'(시 102:12)는 말은 '하나님께서 시간을 초월하여 영원히 존재하신다'는 뜻입니다(사 44:6). 우리가 이것을 믿는다면 이 세상에서 어떻게 살아야 할까요?(시 90:2; 딤전 1:17).

### 💡 D3포인트

변하고 사라지는 세상 것에 마음을 빼앗기지 말고 오직 영원하신 주님께만 마음을 쏟아야 합니다.

■ 넷째로, 불변하십니다.

'하나님께서 불변하시다'(히 13:8; 말 3:6)는 말은 '하나님께서 한번 약속하신 것은 절대로 바꾸시지 않는다'는 뜻입니다(약 1:17). 사람은 약속을 해도 상황에 따라 수시로 바꾸지만 하나님께서는 말씀하신 대로 실행하십니다(민 23:19). 우리가 이 사실을 믿는다면 하나님의 말씀에 어떤 태도를 취해야 할까요?

### 💡 D3포인트

하나님의 말씀을 붙잡고 그 약속이 이루어지도록 기도해야 합니다. 또한 수시로 변하는 사람을 의지하지 말고 신실하신 주님만 의지해야 합니다.

■ 다섯째로, 편재하십니다.

'하나님께서 편재하시다'(렘 23:24; 시 139:7-10)는 말은 '하나님께서는 아니 계신 곳이 없다'는 뜻입니다. 이 사실을 믿는다면 우리가 어떻게 살아야 할까요?

### 💡 D3포인트

신전(神前) 의식을 가지고 어느 곳에서나 동일한 삶을 살아야 합니다. 신자는 교회 안팎의 삶이 모두 동일해야 합니다. 즉 삶으로 예배를 드려야 합니다.

| 제자생각 |


### Question 5

하나님께서는 우리와 같은 성품(공유적 속성)도 갖고 계십니다. 우리가 하나님과 교제할 수 있는 것은 하나님께서 이런 성품을 갖고 계시기 때문입니다. 하나님의 공유적 속성은 무엇일까요?


### 💡 D3포인트

첫째로, 거룩하십니다. 하나님께서 거룩하시므로 우리도 거룩해야 합니다(벧전 1:16).

둘째로, 사랑하십니다. 하나님께서 우리를 사랑하시듯이 우리도 서로 사랑해야 합니다(요 13:34).

셋째로, 온전하십니다. 하나님께서 온전하시므로 우리도 온전해야 합니다(마 5:48).

넷째로, 용서하십니다. 하나님께서 우리를 용서하셨기에 우리도 서로 용서해야 합니다(마 18:35).

다섯째로, 자비하십니다. 하나님께서 자비하신 것같이 우리도 다른 사람에게 자비를 베풀어야 합니다(눅 6:36).

| 제자생각 |

### Question 6

하나님께서는 한 분이시지만 세 인격 즉 성부, 성자, 성령으로 존재하십니다. 이를 '삼위일체'라고 합니다. 이 말을 처음 사용한 사람은 초대교부 '터툴리안'이고, 교리로 확정된 것은 A.D. 350년 '아타나시우스'에 의해서입니다. 삼위일체는 인간의 이성으로는 쉽게 납득할 수 없습니다. 왜냐하면 산술적으로 하나가 셋이 될 수 없고, 셋이 하나가 될 수 없기 때문입니다. 또 성경에는 삼위일체라는 단어도 없습니다. 그런데 왜 삼위일체를 믿어야 할까요?

#### D3포인트

성경에 죄론, 인간론, 성령론, 종말론이라는 단어가 없어도 그것을 말씀하고 있듯이, 성경에 삼위일체라는 단어가 없지만 삼위일체를 말씀하고 있기 때문입니다(마 3:16-17; 마 28:19-20; 고후 13:13). 특별히 구원사역의 측면에서 볼 때 성부 하나님께서는 구원을 계획하셨고, 성자 하나님께서는 계획된 구원을 십자가로 성취하셨고, 성령 하나님께서는 성취된 구원을 인간의 마음과 생활에 적용시켜 완성을 이루시기 때문에 성부와 성자와 성령을 한 하나님 즉, 삼위일체의 하나님으로 믿어야 합니다.

| 제자생각 |


### Question 7

하나님께서는 작정, 창조, 섭리로 사역을 하십니다. 그런데 하나님의 세 가지 사역원리를 각각 우리 삶에 적용하면 신앙생활에 어떤 도움을 받을 수 있을까요?

■ 첫째로, '작정'은 '하나님께서 앞으로 되어질 모든 일들을 미리 계획하신 것'을

뜻합니다.

이 세상의 모든 일은 주님의 뜻대로 이루어집니다. 우리가 구원받아 하나님의 자녀가 된 것도 하나님의 뜻에 따라 선택된 것입니다. 하나님의 뜻에 따라 택함을 받아 하나님의 자녀가 되었다면 어떻게 살아야 할까요?

### D3포인트

하나님께서 그분의 뜻대로 살도록 우리를 선택하셔서 자녀로 삼아주셨기 때문에 하나님의 뜻대로 살아야 합니다. 예수께서 십자가를 지시는 순간에도 하나님의 뜻을 좇으셨듯이(마 26:36-46), 우리도 자신의 뜻을 버리고 하나님의 뜻을 좇아야 합니다.

- 둘째로, '창조'는 '하나님께서 작정하신 대로 모든 피조물을 지으신 것'을 뜻합니다.

하나님께서는 보이는 물질세계(창세기에 나오는 6일간의 천지만물)뿐 아니라(창 1:1-2:3), 보이지 않는 영적 세계(천사)도 창조하셨습니다(고전 8:6). 하나님의 작정이 시간을 초월하여 영원 속에서 이루어진 데 반하여, 창조는 그와 달리 시간과 함께 시작되었습니다. 하나님께서 모든 피조물을 만드셨다는 것은 하나님과 피조물의 관계가 어떻다는 것을 의미할까요?

### D3포인트

하나님께서 모든 피조물의 창조주로서 그것의 실질적인 주인이시라는 뜻입니다. 따라서 모든 피조물은 오직 하나님만을 주인으로 섬겨야 합니다(마 6:24).

- 셋째로, '섭리'는 '하나님께서 지으신 모든 피조물을 보존하시고(느 9:6), 그

것들을 통하여 그의 뜻을 이루시며(롬 8:28), 창조하신 모든 만물을 그 존재 목적에 맞도록 다스려 가시는 것'을 뜻합니다(시 103:19).

하나님께서 어떻게 섭리하실지 모르지만 그분께서 우리의 아버지이시기 때문에 결국에는 좋은 결과를 주실 것을 확신해야 합니다. 이와 같이 하나님께서 섭리하심을 믿는다면 고난을 당할 경우 어떤 자세를 가질 수 있을까요?

### D3포인트

어떤 고난을 당해도 기뻐하며 감사할 수 있습니다. 욥이 하루아침에 모든 재산과 열 자녀와 건강까지 잃었지만 하나님을 원망하지 않았던 것은 바로 이와 같은 하나님의 섭리를 믿었기 때문입니다.

| 제자생각 |


### Question 8

하나님께도 꿈이 있습니다. "하나님은 모든 사람이 구원을 받으며 진리를 아는 데에 이르기를 원하시느니라"(딤전 2:4, 참조, 벧후 3:9). 하나님의 꿈은 모든 사람이 구원을 받아 하나님의 자녀가 되는 것입니다. 그런데 하나님께서는 우리를 통해서 자신의 꿈을 이루시기 원하십니다. 하나님의 꿈을 이루어드리기 위해 우리가 해야 할 일은 무엇일까요?

### D3포인트

주님께서 마지막으로 당부하신 대로 가서 모든 민족을 제자 삼아야 합니다. 온 천하에 다니며 만민에게 복음을 전하고 가르쳐 제자 삼으면 하나님의 꿈은 반드시 이루어집니다. 우리가 하나님의 꿈을 이루어드리면 하나님께서는 우리의 소원을 이뤄주십니다.

| 제자생각 |

> 💬 **다음 훈련마당 준비**
> - 다섯 번째 훈련마당을 미리 공부하세요.
> - 역대상 29:11-13을 암송하세요.
> - 경건의 시간을 가지세요.

다섯 번째 훈련마당

# 예수님과 제자

⋮

　제자는 예수께서 우리를 위하여 무슨 일을 하셨고, 우리와 어떤 관계에 있는지를 정확히 알아야 합니다. 예수님께서는 하나님이신데 친히 인간이 되셔서 우리의 죄를 대신하여 십자가에 못 박혀 죽으시고 부활하심으로 죄와 사망의 법에서 우리를 완전히 해방시켜 주셨습니다. 그런데 예수께서는 우리를 죄에서 구원해 주신 구원자이실 뿐 아니라, 우리의 주인이시기 때문에 제자는 범사에 주님의 음성을 듣고 그분의 말씀에 순종하는 삶을 살아가야 합니다.

### 다섯 번째 훈련마당
# 예수님과 제자

### Question 1

　예수께서는 과연 어떤 분이실까요? 예수께서는 어느 누구보다도 그릇된 평가를 받아오셨습니다. 혹자는 세계 4대 성인 중 한 사람, 혹자는 위대한 스승, 혹자는 사랑의 화신, 혹자는 선지자, 혹자는 의인, 혹자는 거짓 메시아라고 생각하고 있습니다. 그런데 예수님에 대한 평가는 성경을 통하여 내려져야 합니다. 왜냐하면 성경은 예수께서 어떤 분이신지를 알도록 하기 위해서 기록된 책이기 때문입니다(요 5:39). 성경은 예수님을 어떤 분으로 증언하고 있을까요?

### 💡 D3포인트

　성경은 예수님을 하나님이신 동시에 인간이시라고 증언하고 있습니다. 즉 예수께서는 하나님이신데 우리를 죄에서 구원하시기 위해 친히 인간으로 오셔서 십자가에 못 박혀 죽으시고 부활하신 구원자이십니다(요 1:18; 빌 2:6-8). 예수님을 신으로만 알고 있거나, 인간으로만 알고 있는 것은 모두 잘못 이해하고 있는 것입니다. 예수께서는 참 하나님이시고 참 인간이십니다.

| 제자생각 |


### Question 2

　예수께서는 하나님이신 동시에 인간이십니다. 이런 사실을 어떻게 알 수 있을까요?

### 💡 D3포인트

　첫째로, 예수께서 하나님이신 증거는 다음과 같습니다. 무엇보다 예수께서 스스로 자신이 하나님이심을 말씀하셨습니다(요 5:23, 10:30, 14:7-10). 또한 하나님만 행하실 수 있는 기적, 즉 자연현상을 다스리시고(마 8:26-27), 불치병을 고치시고(마 8:1-4, 참조 출 15:26), 귀신을 쫓아내시고(눅 8:28-33), 죽은 자를 살리시고(요 11:13-14), 십자가에 못 박혀 죽으셨지만 삼 일 만에 다시 살아나셨습니다(마 28:6). 또한 제자들과 주변 사람들이 예수님을 하나님이시라고 고백하였습니다. 즉 도마는 예수님을 '나의 하나님'이라 고백했고(요 20:28), 사도요한은 예수님을 '참 하나님'이라 고백했고(요일 5:20), 다른 제자들과 백부장은 예수님을 '살아 계신 하나님의 아들'이라고 고백했습니다(마 14:33, 16:16, 27:54). 예수님을 하나님의 아들이라고 고백한 것은 예수님을 하나님으로 고백한 것과 같은 의미입니다.

둘째로, 예수께서 인간이신 증거는 다음과 같습니다. 예수께서는 여자의 몸에서 나셨고(마 1:16), 어린 시절을 거치셨고(눅 2:52), 배고픔을 아셨고(마 4:2), 주무시기도 하셨고(막 4:38), 피곤을 느끼기도 하셨고(요 4:6), 울기도 하셨습니다(요 11:35; 히 5:7). 그리고 십자가에 못 박혀 죽으셨습니다(마 27:50; 막 15:37; 눅 23:46; 요 19:30). 그런데 예수께서는 우리와 같은 사람이시지만 죄는 하나도 없습니다. 왜냐하면 죄인인 아담의 후손으로 태어나지 않으시고 성령으로 잉태하셨기 때문입니다(히 4:15).

| 제자생각 |

### Question 3

성경은 예수께서 하나님이신 동시에 사람이신 사실을 가르치고 있지만 이를 그대로 믿기란 결코 쉬운 일이 아닙니다. 그런데 왜 우리는 예수께서 하나님이신 동시에 인간이심을 믿어야 할까요?

### 💡 D3포인트

만일 예수께서 하나님이 아니시면 우리를 죄에서 구원하실 수 없고, 또 인간이 아니시라면 우리의 죄를 대신하여 죽으실 수 없기 때문입니다. 즉 예수님을 하나님과 동시에 인간이라고 주장해야 하는 이유는 우리의 죄 문제를 해결하기 위한 것입니다. 이는 마치 통역사가 두 나라의 언어를 모두 알기에 통역할 수 있듯이, 우리의 죄 문제를 해결해주시기 위해서는 예수께서 하나님도 되시고 인간도 되셔야 하는 것입니다(딤전 2:5). 초대교회 당시 영지주의와 말시온파 같은 이단들은 이런 사실을 모르고 있었기 때문에 예수께서 진짜 인간의 몸으로 오신 것이 아니라, 허깨비처럼 환영으로 나타난 것이라고 주장하였던 것입니다(요일 4:2-3).

| 제자생각 |

### Question 4

예수께서 공생애 동안 세 가지 사역, 즉 가르치고 복음을 전파하고, 치유하신 것은 자신이 그리스도(메시아), 즉 구원자이심을 드러내신 것입니다. 그런데 예수께서는 저주의 상징인 십자가에 못 박혀 죽으셨습니다(사 61:1-3). 왜 예수께서 구원자이신데 그렇게 죽으셨을까요?

### 💡 D3포인트

예수께서 단순히 빵의 문제를 해결해주시기 위해서가 아니라 우리를 죄에서 구원해주시기 위해서 이 세상에 오셨기 때문입니다. 만일 예수께서 정치적인 메시아로 오셨다면 당시 로마의 압제에서 고통당하던 이스라엘 백성들을 해방시켜주셨을 것이고 십자가에 못 박히시지도 않았을 것입니다. 따라서 우리는 예수님을 육신의 문제를 해결해주시는 메시아로 믿지 말고, 죄 문제를 해결해주시는 메시아로 믿어야 합니다. 그렇다고 예수께서 죄 문제만 해결해주시고 육신의 문제는 해결해주시지 않는 것이 아닙니다. 예수께서는 모든 문제의 해결자이십니다.

| 제자생각 |


### Question 5

예수께서는 두 죄인들과 함께 십자가에 못 박혀 죽으셨습니다. 그런데 다른 두 사람은 그대로 무덤에 있었지만 예수께서는 삼 일 만에 다시 살아나셨습니다. 이런 사실은 무엇을 의미할까요?

#### D3포인트

예수께서 자신의 죄 때문에 죽으신 것이 아니라 우리의 죄 때문에 죽으신 것임을 밝히 드러내신 것입니다. 예수께서 십자가에 못 박혀 죽으시기 전, 제자들에게 "내가 너희들의 죄를 사하기 위해서 십자가에 못 박혀 죽지만 삼 일 만에 다시 살아날 것이다"라고 말씀하셨습니다. 그런데 말씀하신 대로 다시 살아나셨기 때문에 예수께서 십자가에 못 박혀 죽으신 것은 예수님 자신의 죄 때문이 아니라 우리의 죄 때문인 것을 증명하신 것입니다(참조 고전 15:17-19).

| 제자생각 |


### Question 6

성경은 예수께서 우리의 죄를 대신하여 십자가에 못 박혀 죽으셨지만 다시 살아나셨기에 누구든지 이것을 믿으면 구원을 받는다고 가르치고 있습니다(롬 10:9-10). 죽은 자가 살아났다는 주장은 인간의 경

> 험과 과학적 사고에 반하기 때문에 그대로 받아들이기란 쉽지 않습니다. 예수께서 부활하신 사실을 어떻게 알 수 있을까요?(마 28:6; 막 16:20; 고전 15:4-8)

### 💡 D3포인트

예수께서 부활하신 사실을 여러 가지 방법으로 설명할 수 있지만 다섯 가지 질문에 답하는 형식으로 설명합니다.

첫째로, '예수님의 부활을 실제로 목격한 사람들의 증언이 사실인가'라는 것입니다. 예수님의 부활에 관한 역사적 기록은 예수님의 추종자가 아니라 박해자에 의해 쓰여졌기 때문에 예수께서 부활하신 것은 사실입니다.

둘째로, '예수님의 부활을 목격한 이들의 증언을 기록한 필사본이 믿을 만한 것인가'라는 것입니다. 고대 사본 가운데 진품 사본이 가장 많은 것이 성경사본인데, 그것이 AD 2세기 이집트에서 발견되었고, 원본과의 차이가 30년 정도밖에 차이가 나지 않는다는 것이 이미 고고학적으로 증명되었기 때문입니다.

셋째로, '예수께서 정말 죽었다가 다시 살아나신 것인가'라는 것입니다. 혹자는 예수님의 '기절설'을 주장합니다. 그런데 예수께서 십자가에 달리신 지 6시간 만에 운명하시자 로마 군인들이 이를 이상히 여겨 확인하려고 옆구리를 찔렀을 때에 '심낭삼출'(피와 물 같은 액체)이 나온 것은 완전히 죽으셨다는 것을 증명합니다.

넷째로, '예수님의 시신이 정말 무덤에 묻혔는가'라는 것입니다. 당시 로마 군인들이 철통같이 예수님의 무덤을 감시한 것은 그 안에 예수님의 시신이 있었기 때문입니다. 그런데 예수께서 부활하신 후 그 무덤이 텅 비어 있었다는 것은 예수께서 부활하신 것을 증명하는 것입니다.

다섯째로, '어떻게 수많은 그리스도인들이 예수님을 위해 순교할 수 있었는가'라는 것입니다. 예수께서 십자가에 곧 못 박혀 죽으실 것을 알자 제자들마저 예수님을 부인하고 도망했습니다. 그런데 어떻게 그들이 결국에는 예수님을 증거하다가 순교할 수 있었을까요? 부활하신 예수님을 만났기 때문입니다. 누구든지 부활하신 예수님을 만나면 목숨 걸고 주님을 증거합니다. 예수님을 믿지만 삶이 변하지 않고 예수님을 증거하지 않는 것은 부활하신 예수님을 제대로 만나지 못했기 때문입니다.

| 제자생각 |


### Question 7

예수께서 부활하신 후 제자들에게 여러 차례 나타나셔서 많은 증거로 자신이 살아 계심을 나타내셨고 하나님 나라의 일을 말씀하셨습니다. 그리고 승천하시면서 마지막으로 "너희는 가서 모든 민족을 제자로 삼아 아버지와 아들과 성령의 이름으로 세례를 베풀고 내가 너희에게 분부한 모든 것을 가르쳐 지키게 하라"(마 28:19-20)고 명령하셨습니다. 따라서 우리는 이 명령에 반드시 순종해야 합니다. 예수님의 유언적 지상명령에 어떻게 반응하고 있습니까?

### 💡 D3포인트

'제자 삼으라'는 명령은 만왕의 왕이신 주님의 명령이기에 어느 누구도 비켜갈 수 없습니다. 그리스도인이라면 이 명령에 반드시 순종해야 합니다. 우리가 제자훈련을 받는 이유도 바로 이 명령에 순종하기 위해서입니다. 따라서 제자훈련을 받지만 실제로 세상에 나가 복음을 전하고 제자를 삼지 않는다면 이는 헛수고를 하는 것입니다.

| 제자생각 |

### Question 8

승천하신 예수께서는 하나님 보좌 우편에 앉으셔서 우리를 위하여 중보기도를 하실 뿐 아니라(롬 8:34), 하나님 아버지와 함께 그분의 몸인 교회와 온 우주와 만물을 다스리고 계십니다. 그런데 때가 차면 반드시 이 세상에 다시 오십니다. 초림 시에는 구원자로 오셨지만 재림 시에는 심판자로 오십니다. 따라서 예수님의 재림을 준비해야 합니다. 당신은 어떻게 주님을 맞이할 준비를 하고 있습니까?(살전 5:2-6, 참조 벧전 4:7)

#### D3포인트

성경의 모든 약속이 성취되었지만 재림의 약속은 아직 남아 있습니다. 주님께서는 반드시 다시 오십니다. 그런데 예수께서 재림 시에는 노아의 홍수 때와 같이 사람들이 먹고, 마시고, 시집가고, 장가가는 일에만 관심을 쏟다가 화를 입게 된다고 말씀하셨습니다(마 24:37-39). 따라서 정신을 차리고 근신하여 주님의 재림의 날이 도둑같이 오지 못하도록 해야 합니다(살전 5:2). 세상에 마음을 빼앗겨서 예수님의 재림을 준비하지 않으면 마지막 날 부끄러움을 당하게 될 것입니다. 우리는 가서 제자 삼으라는 명령에 순종하여 천국에서 영원히 왕 노릇해야 합니다.

| 제자생각 |

### Question 9

예수께서는 우리의 죄를 대신하여 십자가에 못 박혀 죽으시고 부활하심으로 '주와 그리스도'가 되셨습니다(행 2:36). 예수께서 '주와 그리스도'가 되셨다는 것은 우리의 구원자가 되실 뿐 아니라 우리의 주님이시라는 뜻입니다. 당신은 구원자이신 예수님과 어떤 관계를 맺고 살아가고 있습니까?

💡 **D3포인트**

예수께서는 모든 그리스도인의 주님이십니다. 예수께서 주님이시라는 것은 우리 인생의 주인이시라는 뜻입니다. 따라서 예수님을 영접하기 전에는 자기 마음대로 살았지만 이제는 예수님의 뜻대로 살아가야 합니다. 신앙생활과 사회생활에 차이가 없어야 합니다. 주님의 주재권을 인정하고 범사에 감사하는 삶을 살아야 합니다. 예수 믿는 자들을 핍박하는 데 앞장섰던 바울이 다메섹 도상에서 부활하신 예수님을 만난 후 변화된 삶을 살아갈 수 있었던 것은 예수께서 자신의 주인이심을 깨달았기 때문입니다. 함께 외쳐봅시다. "예수께서는 저의 진짜 주인이십니다."

| 제자생각 |

---

**다음 훈련마당 준비**

- 여섯 번째 훈련마당을 미리 공부하세요.
- 요한복음 15장 26절, 요한복음 16장 13절을 암송하세요.
- 경건의 시간을 가지세요.

여섯 번째 훈련마당

# 성령님과 제자

성령께서는 삼위의 하나님으로서 우리 마음의 문을 여셔서 구원을 받게 하시고 성도 안에 계심으로 성도의 몸을 하나님의 성전이 되게 하십니다. 따라서 성령을 모시고 사는 그리스도인은 자신을 존귀하게 여기고 자신의 몸을 거룩하게 해야 합니다. 날마다 성령님의 음성을 듣고 그분의 인도를 받아야 합니다. 특별히 제자는 성령의 충만을 받아 복음을 증언하는 자가 되어야 합니다.

## 여섯 번째 훈련마당
# 성령님과 제자

### Question 1

성경은 하나님과 예수님께서 각각 성령님을 보내셨다(요 3:34; 요 16:7; 요 20:22; 행 2:33; 고후 5:5; 살전 4:8; 요일 4:3)고 말씀하고 있을 뿐 아니라, 성령님을 '주의 영'(시 104:30), '하나님의 영'(롬 8:9), '그리스도의 영'(롬 8:9) 등으로 표현하고 있기 때문에 성령님을 하나님이나 예수님보다 열등하신 분으로 생각하는 사람들이 있습니다. 특별히 기독교의 대표적 이단인 여호와의 증인은 예수님과 성령님을 하나님보다 못하신 분으로 생각하여 삼위일체론을 부인합니다. 그런데 성령께서는 하나님이나 예수님과 같이 동등한 권위와 영광을 가지고 계신 제 삼위의 하나님이십니다. 이런 사실을 어떻게 알 수 있을까요?

### 💡 D3포인트

성경에는 성령님을 하나님이나 예수님보다 열등한 것같이 표현된 곳이 여러 군데 있지만, 성령께서 하나님만이 가지고 계신 성품, 즉 전능성(롬 8:11), 전지성(고전 2:11-12), 영원성(히 9:14), 편재성(시 139:7-10)을 가지고 계신 것을 인하여 하나님과 동등하신 분이심을 알 수 있습니다.

| 제자생각 |



### Question 2

성령께서는 어떤 분이실까요? 성령께서는 '거룩한 영'(Holy Spirit)이십니다. 그런데 성령님을 이해할 때 간과하지 말아야 할 것은 그분의 '인격성'입니다. 물론 성령께서는 하나님이시므로 그분께서 임하시면 능력이 나타나는 것은 당연합니다(행 1:8). 그런데 그보다는 먼저 성령님을 인격적인 존재로 이해해야 합니다. 성령께서 인격적이라는 것은 성령께서 사람처럼 지성(요 14:26), 감성(엡 4:30), 의지(고전 12:11)를 가지고 계시다는 뜻입니다. 그렇다면 성령님과 어떻게 지내야 할까요?

### D3포인트

성령님과 친밀하게 교제를 해야 합니다. 즉 그분과 사귐이 있어야 합니다. 그분과 좋은 관계를 유지하기 위해서 날마다 그분을 환영하고, 그분의 인도를 받고, 그분을 기쁘게 해드리는 삶을 살아야 합니다. 당신은 성령님과 친밀하게 지내고 있습니까?

| 제자생각 |


### Question 3

성령께서는 하나님이시기 때문에 창세 전부터 계셨고, 태초부터 사역하셨습니다(창 1:2; 시 104:30). 그리고 하나님과 예수께서 지금도 일하시듯이 성령께서도 일하고 계십니다. 그런데 성령님의 사역은 시대별로 다릅니다. 어떻게 다를까요?

### D3포인트

성령께서는 시대마다 다르게 사역을 하십니다. 구약시대에는 주로 특수하게, 외적으로, 일시적으로 사역을 하셨습니다(창 41:38-39; 출 31:2-5; 민 11:16-17; 삿 6:34; 삼상 16:13; 시 51:11). 즉 사역을 하시되 특별한 사람 밖에서 잠시 동안만 하셨습니다. 그러나 신약시대에는 보편적으로, 내적으로, 영구적으로 사역을 하십니다(욜 2:28; 요 14:16-17; 행 2:17). 즉 모든 사람 안에서 영원히 떠나지 않고 사역을 하십니다.

| 제자생각 |

### Question 4

　삼위 하나님께서는 구원과 관련하여 각각 다르게 사역하십니다. 즉 성부 하나님께서는 구원을 계획하시고, 성자 하나님께서는 구원을 이루시고, 성령 하나님께서는 구원을 각 사람에게 적용하십니다. 따라서 성령께서 역사하시지 않으면 한 사람도 구원받을 수 없습니다. 사도 바울이 "하나님의 영으로 말하는 자는 누구든지 예수를 저주할 자라 하지 아니하고 또 성령으로 아니하고는 누구든지 예수를 주시라 할 수 없느니라"(고전 12:3)고 말한 것은 바로 이 때문입니다. 당신이 구원받았다면 이미 성령께서 역사하신 것입니다. 성령께서 어떻게 역사하셨는지를 말해보세요.

### 💡 D3포인트

　구원은 사람의 힘과 능력으로는 결코 받을 수 없기 때문에 구원받는 과정에서 성령님의 역사는 절대적입니다. 따라서 구원받은 과정에서 성령께서 어떻게 역사하셨는지를 말하면 됩니다. 예를 들어, 평소 자신이 죄인이라고 생각하지 않았는데 죄인임을 깨닫게 된 경우나, 이전에는 믿어지지 않았던 동정녀 마리아의 탄생이 의심 없이 믿어지게 된 경우나, 예수께서 십자가에 죽으시고 부활하신 사실이 믿어지게 된 경우나, 기독교에 대한 부정적인 생각이 긍정적으로 바뀌게 된 경위 등을 말하면 됩니다.

| 제자생각 |

### Question 5

　성령께서는 각 사람이 구원받는 일에 친히 역사하실 뿐 아니라, 성도의 몸 안에 거하십니다(롬 8:9). 성령께서 각 사람의 몸 안에 거하신다는 말은 믿는 자 한 사람 한 사람이 하나님께서 거하시는 성전이 되었다는 뜻이고(고전 6:19), 성도 한 사람 한 사람이 모두 매우 존귀한 자라는 뜻입니다. 그렇다면 우리 자신을 어떻게 관리해야 할까요?(고전 3:17)

### D3포인트

성도의 몸은 하나님께서 친히 거하시는 성전이므로 그리스도인은 몸에 해로운 주초나 마약을 금하고 음행을 멀리하는 등 거룩하게 살아야 합니다(벧전 1:16). 특별히 하나님께서 친히 이 세상에 인간으로 오셔서 우리의 죄를 대신하여 십자가에 못 박혀 죽으실 정도로 존귀한 자들이기 때문에 아무리 힘들고 어려워도 스스로 목숨을 끊어서는 안 됩니다.

| 제자생각 |

### Question 6

요엘 선지자가 "그 후에 내가 내 영을 만민에게 부어주리니"(욜 2:28)라고 예언한 대로 오순절에 성령께서 오심으로 모든 성도는 성령의 충만을 받을 수 있게 되었습니다. 하나님께서 모든 성도들에게 성령을 부어주시는 이유는 무엇일까요?(행 1:8; 눅 24:49)

### D3포인트

우리로 하여금 예수님을 증언하도록 하시기 위해서입니다(요 15:26). 왜 복음전도를 하는데 성령의 충만을 받아야 할까요? 사람의 힘과 능력으로는 마귀에게 종노릇하는 자를 하나님의 자녀가 되게 할 수 없기 때문입니다(슥 4:6). 따라서 마귀와의 영적전쟁에서 이기고 잃은 영혼을 구원하기 위해서는 먼저 성령의 능력을 받아야 합니다(행 1:8).

| 제자생각 |

### Question 7

성령께서 우리를 인도하신다고 약속하고 있기 때문에(요 14:26) 예수님의 제자는 성령님의 인도를 받아야 합니다. 성령께서는 우리에게 가야 할 곳을 가르쳐주시고(행 8:29), 하지 말아야 할 것과 해야 할 것을 가르쳐주시고(행 16:6-7), 궁금하게 생각하는 것을 가르쳐주시기도 합니다(행 10:19-20). 그런데 성령께서 어떻게 인도하시는지를 모르면 제대로 인도를 받을 수 없습니다. 성령께서는 어떻게 우리를 인도하실까요?

### D3포인트

성령님의 인도 방법은 정해져 있지 않고 그때의 상황에 따라 다릅니다. 때로는 꿈(마 1:20), 환상(행 10:3), 하나님의 음성(행 9:6) 등을 통해서 인도하시고, 우리의 생각(행 7:23), 확신(고후 1:15), 마음의 소원(빌 2:13) 등을 통해서도 인도하십니다. 그런데 이런 인도 방법은 주관적인 판단에 따라 전혀 다른 결과를 초래하므로 성령님의 인도를 온전히 받기 위해서는 평소 성경 말씀으로 하나님의 음성을 듣는 훈련을 해야 합니다. 앞서 소개한 '원포인트 큐티'를 지속적으로 하면 말씀으로 성령의 인도를 받을 수 있습니다.

| 제자생각 |

### Question 8

성령께서는 성도들에게 각종 은사를 주십니다. 은사에는 로마서 12장 6-8절의 7가지 은사, 고린도전서 12장 8-10절의 9가지 은사, 고린도전서 12장 28-31절의 5가지 은사, 에베소서 4장 11절의 5가지 은사 등 그 종류가 수없이 많습니다. 이 모든 은사들은 성령께서 그분의 뜻에 따라 각 사람에게 나누어 주십니다(고전 12:11). 성령께서는 모든 성도에게 은사를 주시기 때문에 은사를 받지 않은 사람은 한 사람도 없습니다. 만일 자신이 무슨 은사를 받았는지 모른다면 받지 못한 것이 아니라, 아직 발견하지 못했을 뿐입니다. 왜 성령께서 모든 성도들에게 은사를 주실까요?

### 💡 D3포인트

각 사람에게 성령의 은사를 주시는 것은 교회의 유익을 위해서입니다(고전 12:7). 즉 교회를 세우시기 위하여 모든 성도에게 각종 은사를 주시는 것입니다. 따라서 모든 은사를 사사로운 목적을 위해서 사용하지 말고 교회의 유익을 위하여 사용해야 합니다(참조, 딤전 6:5). 물론 예언이나 지식의 은사를 통하여 개인적으로 다른 사람에게 영적인 도움을 줄 수도 있습니다. 그러나 이런 경우도 영적지도자의 지도하에 조심스럽게 사용해야 합니다.

| 제자생각 |

### Question 9

성령께서는 각 성도에게 은사를 주실 뿐 아니라 성도 안에 거하셔서 사랑, 희락, 화평, 오래 참음, 자비, 양선, 충성, 온유, 절제와 같은 각종 열매를 맺게 하십니다(갈 5:22-23). 그러나 성령의 은사는 받았지만 성령의 열매를 맺고 사는 그리스도인들은 찾아보기 어렵습니다. 왜 그럴까요?

 D3포인트

여섯 번째 훈련마당
**성령님과 제자**

성령의 은사와 열매는 모두 한 성령으로 말미암지만 그것을 얻는 방법은 전혀 다르기 때문입니다. 즉 성령의 은사는 하나님의 선물이라 거저 받지만, 성령의 열매는 노력해야만 맺을 수 있기 때문입니다. 예수께서 "나는 포도나무요 너희는 가지라 그가 내 안에, 내가 그 안에 거하면 사람이 열매를 많이 맺나니 나를 떠나서는 너희가 아무 것도 할 수 없음이라"(요 15:5)고 말씀하신 대로 항상 예수 그리스도 안에 거해야만 성령의 열매를 맺을 수 있습니다. 우리는 단지 성령의 은사만을 구하지 말고 그리스도안에 거함으로 성령의 열매를 맺어야 합니다.

| 제자생각 |

### Question 10

모든 그리스도인은 성령의 충만을 받아야 하고(엡 5:18), 성령의 충만으로 살아가야 합니다. 그런데 그렇게 살아가려면 성령 충만에 대해 좀 더 알아야 합니다. 당신은 성령 충만을 어떻게 이해하고 있습니까?

#### D3포인트

첫째로, 먼저 성령 충만을 정확히 이해해야 합니다. '성령 충만'은 '성령께서 온전히 자신의 뜻과 생각을 지배하는 상태'를 의미합니다. 따라서 '성령 충만을 받으라'는 말은 그런 상태를 지속적으로 유지하라는 뜻입니다.

둘째로, 특별한 사람만 성령 충만을 받는 것이 아닙니다. 성령 충만은 누구나 받을 수 있습니다. 성경은 세례 요한(눅 1:15), 엘리사벳(눅 1:41), 사가랴(눅 1:67), 예수님(눅 4:1), 베드로(행 4:8), 스데반(행 7:55), 사울(행 13:9), 제자들(행 13:52), 오순절 무리들(행 2:4) 등이 성령의 충만을 받았다고 말씀하고 있습니다.

셋째로, 왜 성령 충만을 받아야 하는지를 알아야 합니다. 성령 충만을 받아야 하는 이유는 많습니다. 죄의 유혹에서 승리하는 삶을 살기 위해서, 하나님의 뜻대로 살기 위해서, 주님께서 주신 사명을 온전히 감당하기 위해서, 변화된 새로운 삶을 살기 위해서 등입니다. 그런데 가장 우선적인 이유는 복음의 증인이 되기 위해서입니다(행 1:8).

넷째로, 성령 충만을 유지하는 방법을 알아야 합니다. 성령 충만을 지속적으로 유지하기 위해서는 죄를 고백하고(행 2:38), 성령 충만을 구하고(행 4:31; 눅 11:13), 성령님의 인도를 받고(롬 8:14), 하나님의 자녀답게 거룩하게 살아야 하고(벧전 1:16), 항상 성령을 사모해야 합니다.

다섯째로, 성령 충만의 적을 물리쳐야 합니다. 육체의 소욕을 좇아가는 삶, 즉 음행, 더러운 것, 호색, 우상숭배, 주술, 원수 맺는 것, 분쟁, 시기와 분냄, 당 짓는 것, 분열함, 이단, 투기, 술 취함, 방탕함 등은 성령 충만을 방해하는 적들입니다(갈 5:19-21). 따라서 성령 충만한 삶을 살기 위해서는 날마다 육체의 소욕과 탐심을 십자가에 못 박아야 합니다(갈 5:24).

여섯째로, 성령 충만과 성령 세례의 차이점을 알아야 합니다. 성령 충만과 성령 세례는 같지만 다릅니다. 즉 성령 충만이 처음으로 이루어진 것을 성령 세례라고 부르기 때문에 서로 같지만(행 1:5, 2:4), 성령 세례는 단회적인 데 반해 성령 충만은 다회적인 면에서는 서로 다릅니다. 그래서 동일하게 성령 충만에 대해 말하지만 오순절에 '성령의 충만을 받았다'고 할 때는 헬라어 문법상 '일회성'을 나타내는 동사가 사용되었고, 에베소서 5장 18절에서 '성령의 충만을 받으라'고 할 때는 '지속성'을 나타내는 동사가 사용되었습니다.

| 제자생각 |

### 다음 훈련마당 준비

- 일곱 번째 훈련마당을 미리 공부하세요.
- 마태복음 16장 18절, 골로새서 1장 24절을 암송하세요.
- 경건의 시간을 가지세요.

일곱 번째 훈련마당

# 교회와 제자

제자는 교회에 대해 바른 지식을 갖고 있어야 합니다. 교회는 그리스도의 몸이기 때문에 예수께서 하신 일을 해야 합니다. 또한 예수께서 교회의 머리이시므로 교회는 예수 그리스도의 지시에 따라야 하고, 성도는 교회의 지체이므로 각각 자신의 역할을 감당해야 합니다. 그리스도의 제자는 주님의 몸인 교회를 위하여 고난당하는 것을 기뻐하고 죽도록 충성해야 합니다.

### 일곱 번째 훈련마당
# 교회와 제자

**Question 1**

아이가 탄생하면 가족의 일원이 되듯이, 하나님의 자녀로 거듭나면 교회의 일원이 됩니다. 성도는 교회의 일원이므로 자신이 속한 교회에 대해 잘 알고 있어야 합니다. 당신은 교회를 어떻게 이해하고 있습니까?

### 💡 D3포인트

교회는 헬라어로 '에클레시아'라고 하는데, 이는 예배와 신앙교육을 위하여 특정한 장소에 모인 그리스도인들의 공동체를 뜻합니다. 일반적으로 '교회'와 '성전'과 '예배당'을 같은 의미로 사용하고 있지만 엄밀히 말하면 셋은 서로 다릅니다. '교회'는 거듭난 그리스도인의 공동체를 의미하고, '성전'은 구약시대 이스라엘 백성들이 희생제사를 드릴 때에 사용하던 건물을 뜻하고, '예배당'은 하나님께서 불러내어 모인 무리들이 함께 예배를 드리는 건물을 가리킵니다.

| 제자생각 |


**Question 2**

예수께서 베드로의 신앙고백 위에 "내 교회를 세우시겠다"(마 16:16-19)라고 말씀하시고, 오순절에 성령을 보내심으로 교회가 탄생했습니다(행 1:4-5, 1:12-14, 2:1-4). 예수께서 교회를 만드셨기 때문에 교회의 주인은 예수 그리스도이십니다. 예수께서 교회의 주인이시라는 말은 무슨 의미일까요?

### 💡 D3포인트

교회는 사람의 뜻이 아니라 예수 그리스도의 뜻에 따라 움직여야 하는 공동체라는 것입니다. 즉 종이 주인의 뜻에 순종하듯이 교회는 주인이신 예수 그리스도의 뜻에 따라 순종해야 합니다(골 1:18; 엡 1:22-23; 행 13:1-3). 교회는 민주주의의 원칙이 아니라 오직 주님의 뜻에 따라 움직여야 합니다. 만일 교회가 그리스도의 뜻에 따르지 않고 다수의 뜻에 따른다면 주님의 교회가 아니라 사교단체에 불과합니다. 따라서 교회는 오직 주님의 뜻에 따르고 있는지를 계속해서 점검해야 합니다.

| 제자생각 |


### Question 3

성경은 교회가 사도들과 선지자들의 터 위에 세워졌다고 말씀하고 있습니다(엡 2:20). 교회가 이들의 터 위에 세워졌다는 것은 무슨 의미일까요?

#### D3포인트

'사도들과 선지자들의 터'란 예수 그리스도를 가리키므로 교회가 이들 위에 세워졌다는 것은 예수 그리스도께서 교회의 기초가 되신다는 뜻입니다. 그래서 바울은 고린도교회에 보낸 편지에서도 교회가 예수 그리스도 위에 세워졌다고 말한 것입니다(고전 3:11). 교회는 위대한 사상가나 최고의 권력자에 의해 세워지지 않고 예수 그리스도 위에 세워졌기 때문에 어느 누구도 교회를 무너뜨릴 수 없고 그 영광은 영원합니다(마 16:18).

| 제자생각 |

### Question 4

성경은 교회를 그리스도의 몸이라고 하고, 성도는 그 몸의 지체라고 말씀하고 있습니다(고전 12:27). 또한 교회의 머리는 예수 그리스도라고 말씀하고 있습니다(엡 5:23; 골 1:18). 성경이 교회와 그리스도와의 관계를 이렇게 말씀하고 있는 것은 무엇을 의미할까요?

#### 💡 D3포인트

교회는 예수 그리스도를 머리로 하는 유기적 공동체라는 것입니다. 따라서 교회의 머리와 몸과 지체가 따로 움직인다면 이는 정상적인 교회가 아닙니다. "몸 가운데서 분쟁이 없고 오직 여러 지체가 서로 같이 돌보게 하셨느니라 만일 한 지체가 고통을 받으면 모든 지체가 함께 고통을 받고 한 지체가 영광을 얻으면 모든 지체가 함께 즐거워하느니라"(고전 12:25-26). 교회는 머리이신 예수 그리스도의 지시를 받고 지체끼리 서로 같이 돌보아야 합니다.

| 제자생각 |

### Question 5

예수께서 성례전, 즉 세례와 성찬을 행하라고 명령하셨기 때문에 교회는 반드시 세례와 성찬을 행해야 합니다. 왜 예수께서 세례와 성찬을 행하라고 하셨을까요?

#### 💡 D3포인트

첫째로, '세례'는 물을 붓거나, 또는 물에 침수되는 것에 의해 그리스도의 교회에 입회하는 일종의 의식으로서, 죄에 대하여 죽고 의에 대하여 사는 것을 상징적으로 나타낼 뿐만 아니라, 자신이 그리스도에게 속했다는 것을 공개적으로 드러내는 것입니다(롬 6:3-5).

둘째로, 성찬은 예수의 몸을 상징하는 떡을 떼고 피를 상징하는 포도주를 마시는 의식으로서, 이 예식을 통하여 예수께서 우리의 죄를 위하여 대신 살 찢기시고 피 흘려 죽으신 것을 기억하게 하고, 예수 그리스도의 죽으심에 참여하도록 하기 위한 것입니다(눅 22:19; 고전 10:16-17).

이처럼 세례는 우리가 예수 그리스도와 연합한 자임을 알리기 위한 일종의 입회식이기 때문에 한 번만 받지만, 성찬은 이미 예수 그리스도와 연합한 자임을 지속적으로 기억하도록 하기 위한 예식이므로 모일 때마다 해야 합니다. 즉 세례든 성찬이든 우리가 예수 그리스도의 죽으심에 연합된 자라는 것을 인식시키기 위한 예식입니다. 따라서 우리는 이 두 가지 예전을 행할 때마다 복음에 합당한 삶을 살고 있는지를 점검하고, 우리를 위해 대신 십자가에 못 박혀 죽으신 예수 그리스도를 전하기로 결단해야 합니다.

| 제자생각 |

### Question 6

교회는 건물이 아니기 때문에 외관상으로는 바른 교회인지 아닌지를 쉽게 판단할 수 없습니다. 바른 교회처럼 교회의 이름을 사용하거나 십자가를 세워 얼마든지 가장할 수 있습니다. 바른 교회인지 아닌지를 무엇으로 알 수 있을까요?

#### D3포인트

첫째로, 하나님의 말씀이 참되게 전파되느냐는 것입니다. 하나님의 말씀은 신앙과 행위에 가장 중요한 요소이므로 하나님의 말씀을 전하지 않거나 말씀보다 다른 것을 더 중요하게 여기면 바른 교회라고 할 수 없습니다.

둘째로, 성례가 정당하게 시행되느냐는 것입니다. 성례는 세례와 성찬을 말하는데 예수께서 이 두 가지를 행하라고 명령하셨으므로 이를 행하지 않으면 바른 교회라고 할 수 없습니다.

셋째로, 권징이 신실하게 시행되느냐는 것입니다. 권징이란 교회의 순결을 보존하고 세속화되는 것을 막기 위해서 교회의 규례를 따라 범죄한 자들을 벌하는 것입니다. 교회 안에서 도덕적으로나 윤리적으로 옳지 못한 일이 공공연히 자행되고 있음에도 권징이 시행되지 않으면 바른 교회라고 할 수 없습니다.

| 제자생각 |

### Question 7

교회는 교회로서 감당해야 할 사명이 있습니다. 교회가 기본적으로 감당해야 할 사명은 무엇일까요?

#### D3포인트

교회는 3중적인 사명을 갖고 있습니다. 3중적인 사명을 감당해야 온전한 교회가 될 수 있습니다.

첫째로, 하나님을 향한 사명을 감당해야 합니다. 교회는 하나님의 이름에 합당한 영광과 찬송을 드려야 합니다(사 43:21).

둘째로, 세상을 향한 사명을 감당해야 합니다. 교회는 세상에 나가 복음을 증거하고, 빛과 소금의 역할을 감당해야 합니다.

셋째로, 교회를 위한 사명을 감당해야 합니다. 교회는 서로 가르치고(골 1:28), 서로 교제하고(행 2:42), 서로 봉사하고(벧전 4:9-10), 서로 돌아보아야 합니다(고전 12:25).

| 제자생각 |

### Question 8

사람들이 각자 건강을 원하듯이 하나님께서도 교회가 건강하기를 원하십니다. 어떻게 하면 교회를 건강하게 만들 수 있을까요?

### D3포인트

교회는 그리스도의 몸이고 성도는 그 몸의 지체입니다. 몸의 일부분만 움직이는 사람을 건강하다고 할 수 없듯이, 몇몇 사람만 열심히 사역하는 교회는 건강하다고 할 수 없습니다. 초대교회를 교회 역사상 가장 건강하다고 말하는 것은 평신도들이 말씀사역의 주역이 되었기 때문입니다. 따라서 교회를 건강하게 만들기 위해서는 목사만 주로 말씀사역을 하는 '목회자사역형교회'에서 훈련받은 평신도들과 함께 말씀사역을 하는 '평신도사역형교회'로 전환해야 합니다.

| 제자생각 |

### Question 9

초대교회는 단지 초기 기독교시대에만 존재했던 교회가 아니라 모든 교회가 본받아야 할 모델입니다. 초대교회와 현대교회의 다른 점은 무엇이고, 초대교회에서 가장 우선적으로 본받아야 할 것은 무엇일까요?

### D3포인트

초대교회와 현대교회의 다른 점은 무엇일까요? 현대교회가 '프로그램,

건물, 행정과 회의, 소수의 리더' 중심이고, 교회로 오라는 구조를 갖고 있는 데 반하여, 초대교회는 '사람, 공동체, 사역과 섬김, 평신도' 중심이고, 세상으로 가라는 구조를 갖고 있습니다.

초대교회에서 가장 먼저 본받아야 할 것은 무엇일까요? 초대교회는 우리가 본받아야 할 것이 많습니다. 성령 충만, 사랑의 실천, 성도의 교제, 무소유공동체 등등. 그런데 가장 먼저 본받아야 할 것은 평신도들이 사도들을 통해 훈련받고 세상에 나가서 능력 있게 복음을 전한 것입니다(행 5:42).

| 제자생각 |

### 다음 훈련마당 준비

- 여덟 번째 훈련마당을 미리 공부하세요.
- 베드로전서 5장 8절, 에베소서 6장 12-13절을 암송하세요.
- 사도신경을 암송하세요.
- 경건의 시간을 가지세요.

여덟 번째 훈련마당

# 제자와 영적전쟁

모든 그리스도인은 거듭나는 순간부터 마귀와 영적전쟁을 해야 합니다. 왜냐하면 마귀의 자녀였다가 하나님의 자녀가 되었기 때문입니다. 마귀와의 전쟁에서 이기기 위해서는 자신이 누구인지를 알고 마귀가 어떤 자인지를 알아야 합니다. 대적 마귀가 우는 사자 같이 두루 다니며 삼킬 자를 찾기 때문에 영적전쟁에서 이기려면 한순간도 방심하지 말아야 합니다. 예수 그리스도의 제자는 예수님께서 함께 하심을 믿고 날마다 영적전쟁에서 승리하는 삶을 살아가야 합니다.

## 여덟 번째 훈련마당
## 제자와 영적전쟁

### Question 1

전쟁에는 눈에 보이는 상대와 싸우는 전쟁이 있고, 눈에 보이지 않는 상대와 싸우는 전쟁이 있습니다. 이처럼 눈에 보이지 않는 마귀와 싸우는 것을 영적전쟁이라고 합니다. 왜 우리가 마귀와 영적전쟁을 해야 할까요?

#### D3포인트

우리가 마귀의 자녀였다가 예수 그리스도를 믿음으로 구원받아 하나님의 자녀가 되었기 때문입니다(요 8:44, 1:12). 즉 마귀가 우리를 빼앗기고 가만히 있지 않고 공격하기 때문입니다. 신앙생활은 본질적으로 하늘에 있는 악한 영들과의 영적전쟁임을 알아야 합니다(엡 6:12).

| 제자생각 |

### Question 2

그런데 영적전쟁에서 승리하기 위해서는 싸움의 대상인 마귀가 어떤 자인지를 정확히 알아야 합니다. 마귀는 하나님을 섬기고 명령에 순종해야 할 천사가 스스로 교만하여 하나님처럼 되려다가 타락한 자입니다(사 14:13-15; 유1:6). 마귀를 헬라어로 '디아볼로스(이간자, 미혹자)'라고 하는데 이는 하나님과 인간을 이간하고 사람을 미혹하여 넘어뜨리기 때문에 붙여진 이름이고, '사탄(대적자)'이라고도 하는데 이는 하나님을 대적하기 때문에 붙여진 이름입니다. 이 밖에도 마귀는 '이 세상 임금'(요 12:31), '이 세상 신'(고후 4:4), '온 천하를 꾀는 자'(계12:9), '어두움의 세상 주관자'(엡 6:12), '미혹의 영'(요일 4:6), '시험하는 자'(마 4:3), '거짓말쟁이'(요 8:44), '거짓의 아비'(요 8:44), '처음부터 살인한 자'(요 8:44), '악의 영'(엡 6:12) 등으로 불리고 있습니다. 마귀가 이와 같이 불리는 것을 통하여 무엇을 알 수 있을까요?

### 💡 D3포인트

첫째로, 마귀의 활동 무대는 '이 세상'이라는 것입니다. 마귀가 '이 세상 임금'(요 12:31), '이 세상 신'(고후 4:4), '온 천하를 꾀는 자'(계 12:9), '어두움의 세상 주관자'(엡 6:12) 등으로 불리는 것을 통해 알 수 있듯이 마귀는 이 세상에서 활동하고 있습니다. 즉 마귀가 눈에 보이지는 않지만 이 세상에서 사람을 죽이고 멸망시키고 있습니다(요 10:10).

둘째로, 마귀는 악을 자행하는 자라는 것입니다. 마귀가 '처음부터 살인한 자'(요 8:44), '악의 영'(엡 6:12)으로 불리는 것은 그가 얼마나 사악한지를 보여주는 것입니다.

셋째로, 마귀는 항상 시험을 주는 자라는 것입니다. 마귀가 '천하를 꾀는 사'(계 12:9), '미혹의 영'(요일 4:6), '시험하는 자'(마 4:3)라고 불리는 것은 시험의 배후에서 항상 역사하고 있다는 뜻입니다.

넷째로, 마귀는 모든 거짓말과 불가분의 관계에 있다는 것입니다. 마귀가 '거짓말쟁이'(요 8:44)라고 불리는 것은 그가 거짓에 아주 능하다는 것이고, '거짓의 아비'(요 8:44)라고 불리는 것은 모든 거짓말의 배후에서 역사하고 있다는 뜻입니다.

| 제자생각 |

### Question 3

예수께서 십자가에서 죽으심으로 우리의 죄를 다 사하시고 마귀를 이기셨기 때문에 마귀는 더 이상 활동하지 말아야 합니다(골 2:12-15; 요일 3:8). 그런데 마귀는 여전히 하나님을 대적하고 성도들을 시험하여 죄를 짓게 하고 넘어지게 하고 있습니다. 이런 현상을 어떻게 이해해야 할까요?

### 💡 D3포인트

이런 현상은 '디 데이'(D-day)와 '브이 데이'(V-day)를 통하여 이해할 수 있습니다. 예수께서 십자가에 못 박혀 죽으심으로 마귀가 결정적으로 패배하여 운명이 결정된 날을 'D-day'(Doom day)라 하고, 예수께서 다시 오셔서 최종적으로 마귀를 심판하시는 날을 'V-day'(Victory day)라 하는데, 우리가 'D-day'와 'V-day' 가운데서 살아가고 있기 때문입니다. 즉 예수께서 십자가에 죽으심으로 마귀의 등뼈를 부러뜨리셨지만, 마귀의 사지가 살아 있어 심판받기 전까지 우리를 공격하기 때문입니다. 마귀는 심판의 날이 가까이 다가올수록 자기의 때가 얼마 남지 않음을 알고 온갖 수단과 방법을 동원하여 구원받은 성도들을 공격하므로 날마다 깨어 근신하여 기도해야 합니다.

| 제자생각 |

## Question 4

아담이 에덴동산에서 하와가 건네 준 선악과를 먹은 것은 그것이 마귀의 공격인지를 명확히 몰랐기 때문입니다. 지금도 우리가 종종 말씀에 순종하지 않고 죄를 범하는 것은 그것이 마귀의 공격으로 말미암은 것인지를 제대로 알지 못하기 때문입니다. 어떤 현상이 일어나면 마귀의 공격인 줄 알고 즉시 물리쳐야 할까요?

### 💡 D3포인트

첫째로, 믿음이 약해집니다. 마귀는 하나님과 성도의 관계를 멀어지게 하여 믿음을 떨어뜨립니다(눅 22:31-32).

둘째로, 공동체의 분열이 일어납니다(창 3:12). 마귀는 가족이나 성도들을 이간시켜 서로 사랑하지 못하게 하고 다툼과 분열을 일으킵니다.

셋째로, 말씀에 집중하지 못합니다(눅 8:12). 마귀는 성경을 읽거나 설교를 들을 때에 잡념을 갖게 하고 졸리게 합니다.

넷째로, 죄의 종으로 살아갑니다(요일 3:8). 마귀는 계속해서 죄를 짓게 하여 하나님의 자녀이지만 실제로는 마귀에게 속한 자로 살아가게 합니다.

다섯째로, 악한 생각을 합니다(행 5:3; 요 13:2). 마귀는 배후에서 악한 생각을 갖게 하고 악한 행동을 하도록 사주합니다.

여섯째로, 각종 질병과 사고가 발생합니다(욥 1:13-19, 2:7; 마 12:22). 마귀는 우리를 멸망시키기 위해서 왔기 때문에 각종 질병과 사고를 일으킵니다. 그러나 모든 질병과 사고가 마귀로부터 온다는 주장은 잘못된 것입니다(요 9:1-3).

일곱째로, 잘못된 판단을 내리거나 각종 올무에 걸리기도 합니다(고후 2:11; 딤전 3:7; 딤후 2:26). 마귀는 성도들이 잘못된 판단을 내리고 올무에 걸리도록 미혹합니다.

| 제자생각 |

### Question 5

베드로는 "근신하라 깨어라 너희 대적 마귀가 우는 사자 같이 두루 다니며 삼킬 자를 찾나니"(벧전 5:8)라고 권면하고 있습니다. 이는 우리가 무서운 대적 마귀의 시험을 이기기 위해서는 깨어 기도해야 한다는 뜻입니다. 왜 베드로가 이렇게 권면했을까요?

 D3포인트

베드로가 예수님과 함께 겟세마네 동산에서 기도할 때에 피곤하여 '한 시간'을 깨어 기도하지 않음으로 마귀의 시험에 넘어가 예수님을 모른다고 부인했던 경험이 있기 때문입니다(마 26:40). 마귀와의 영적전쟁에서 이기기 위해서는 적어도 하루 한 시간을 깨어 기도해야 합니다. 하루 한 시간 이상 깨어 기도하지 않으면 마귀와의 영적전쟁에서 승리할 수 없습니다. 당신은 얼마나 기도하고 있습니까?

| 제자생각 |

### Question 6

성경은 "우리의 씨름은 혈과 육을 상대하는 것이 아니요 통치자들과 권세들과 이 어둠의 세상 주관자들과 하늘에 있는 악의 영들을 상대함이라"(엡 6:12)고 말씀하고 있는데, 우리가 상대해야 할 '통치자들', '권세들', '이 세상 어둠의 주관자들', '하늘에 있는 악의 영들'은 모두 마귀의 수하에 있는 조직입니다. 즉 마귀는 조직적으로 우리를 공격하고 있습니다. 이렇게 공격하는 마귀와의 싸움에서 이기기 위해서 어떻게 맞서야 할까요?

### D3포인트

마귀는 우는 사자 같이 맹렬히 공격할 뿐 아니라 조직적으로 공격하기 때문에 철저히 무장해야 합니다. 하나님의 전신갑주, 즉 진리의 허리띠를 띠고, 의의 호심경을 붙이고, 평안의 복음의 신을 신고, 믿음의 방패를 가지고, 구원의 투구와 성령의 검을 갖고 마귀와 맞서 싸워야 합니다(엡 6:11-17). 또한 마귀는 공격할 기회를 엿보다가 우리가 죄를 짓는 등 약점을 보이면 공격하므로 이런 틈을 마귀에게 주지 않도록 주의해야 합니다(엡 4:27).

| 제자생각 |

**Question 7**

성경은 예수께서 귀신과 대화하셨고(마 8:31-32), 귀신을 쫓아내셨고(막 1:34), 귀신을 꾸짖으셨고(막 9:25), 하나님 나라의 도래와 축귀 사역의 관계를 말씀하셨고(마 12:28), 제자들에게 귀신을 쫓는 권세를 주셨다고 말씀하고 있습니다(막 6:7). 그런데 귀신의 정체가 무엇인지에 대하여는 구체적인 언급이 없어 이에 대한 논쟁이 끊이지 않고 있습니다. 귀신의 정체는 무엇일까요?

### D3포인트

귀신을 타락한 천사(天使)로 보는 견해와 비신자의 사후존재(死後存在)로 보는 견해가 있습니다. 그런데 성경은 비신자가 죽으면 그 영이 지옥으로 간다고 말씀하고 있을 뿐, 귀신이 된다고 말씀하고 있지 않기 때문에 귀신을 비신자의 사후존재라고 주장해서는 안 됩니다. 비신자가 죽어서 귀신이 된다는 주장은 귀신의 거짓 가르침에 속은 것입니다. 귀신은 타락한 천사로서 지성과(막 1:23-24) 감정과(눅 8:31) 의지를(마 12:43-44) 갖고 있는 인격적인 존재입니다.

| 제자생각 |

**Question 8**

귀신은 마귀가 부리는 영이기 때문에 마귀가 하는 일을 귀신도 하고, 마귀가 이 세상에서 활동하듯이 귀신도 이 세상에서 활동합니다(눅 10:17-18). 귀신이 주로 하는 일은 무엇일까요?

### 💡 D3포인트

첫째로, 영적인 일을 방해합니다. 주일성수를 방해하고, 예배시간에 졸리게 하고, 기도하지 못하게 하고, 각종 유혹으로 시험을 가져다주고, 공동체를 이간질해 분열시킵니다.

둘째로, 심적·정신적 장애를 일으킵니다. 두려움, 불안, 낙심, 좌절, 미움, 시기, 증오, 질투, 자살충동, 우울증, 조울증, 환청, 정신분열증 등을 일으킵니다.

셋째로, 육신과 관련하여 각종 문제를 일으킵니다. 죄를 짓게 하고, 온갖 질병과 각종 사고를 유발하고, 술과 마약과 노름 등에 빠지게 하여 인생을 파멸로 몰아갑니다(요 10:10).

| 제자생각 |


### Question 9

성경은 예수께서 공생애 동안 귀신을 쫓으셨고(마 8:16), 제자들도 쫓았고(눅 10:17), 집사들도 쫓았고(행 8:5-8), 우리에게도 쫓으라(막 16:17-18)고 말씀하고 있습니다. 따라서 우리도 귀신을 쫓아야 합니다. 귀신을 쫓는 것은 목회자나 축귀(逐鬼)의 은사를 받은 사람만 하는 것이 아니라 그리스도인이라면 누구나 해야 합니다. 귀신을 쫓아내면 어떤 유익이 있을까요?


### 💡 D3포인트

예수께서 우리에게 귀신을 쫓으라고 하신 것은 그렇게 하는 것이 우리에게 유익하기 때문입니다.

첫째로, 복음을 전할 때에 확실히 증거할 수 있습니다(막 16:20).
둘째로, 영적으로 체험을 하게 되어 신앙이 뜨거워집니다.
셋째로, 귀신과 거리가 먼 삶을 살게 됩니다.

| 제자생각 |

**Question 10**

예수께서 귀신 쫓는 방법을 가르쳐 주셨습니다. "내 이름으로 귀신을 쫓아내며"(막 16:17). 따라서 우리는 예수의 이름을 사용하여 귀신을 쫓아야 합니다. 그런데 상대방 안에 있는 귀신을 쫓아내기 전, 먼저 자신 안에 있는 귀신을 쫓아내야 합니다. 어떻게 하면 그렇게 할 수 있을까요?

### D3포인트

첫째로, 회개해야 합니다. 우리가 회개하면 심령이 깨끗하게 되어 귀신이 있을 곳이 없어 스스로 떠나갑니다.

둘째로, 거룩하게 살아야 합니다. 우리가 거룩하게 살면 성령께서 함께 하시므로 귀신이 무서워서 떠나갑니다.

셋째로, 용서해야 합니다. 귀신은 정죄하고 원수를 맺게 하는 영이므로 용서하지 못하는 마음속에는 언제나 귀신이 역사합니다. 상대방을 용서하면 귀신이 일을 할 수 없어 떠납니다.

넷째로, 예수의 이름으로 귀신을 쫓아냅니다. 귀신이 한두 번의 명령으로 나가지 않는다고 쉽게 포기하지 말고 나갈 때까지 계속해서 쫓아야 합니다.

| 제자생각 |

### 다음 훈련마당 준비

- 아홉 번째 훈련마당을 미리 공부하세요.
- 빌립보서 4장 6-7절, 요한복음 14장 13절을 암송하세요.
- 주기도를 암송하세요.
- 경건의 시간을 가지세요.

아홉 번째 훈련마당

# 제자와 기도훈련

예수께서는 새벽 미명뿐 아니라, 밤을 새워 기도하실 정도로 열정적으로 기도하셨습니다. 왜 예수께서 그토록 기도하셨을까요? 기도가 얼마나 중요한지를 아셨기 때문입니다. 기도는 이론이 아니라 실제입니다. 기도는 입으로 하는 것이 아니라 무릎으로 하는 것입니다. 시험에 들지 않으려면 적어도 하루에 한 시간은 기도해야 합니다(마 26:40). 기도 없는 사역은 소리만 요란하지 열매가 없습니다. 제자는 기도의 능력으로 말씀사역을 해야 합니다.

## 아홉 번째 훈련마당
# 제자와 기도훈련

### Question 1

사람들이 기도하는 이유는 다양합니다. 첫째로, 문제를 해결받기 위해서입니다(렘 29:11-13). 둘째로, 주어진 일을 잘 감당할 수 있는 능력을 받기 위해서입니다(행 13:1-3). 셋째로, 특정한 일에 대하여 주님의 뜻을 알기 위해서입니다(마 26:36-47). 넷째는, 주님과 친밀한 교제를 하기 위해서입니다(엡 6:18; 골 4:2). 이유야 어쨌든 기도는 많이 할수록 좋습니다. 그런데 어떤 이유로 기도하는 것이 가장 바람직할까요?

### 💡 D3포인트

기도는 크게 '교제형'과 '문제 해결형'으로 나눌 수 있습니다. 전자는 주님과 친밀한 교제를 하기 위해서 하는 것이고, 후자는 단순히 문제를 해결받기 위해서 하는 것입니다. 그런데 하나님께서는 우리와 항상 교제하기를 원하시므로 '문제 해결형' 기도보다는 '교제형'에 힘써야 합니다(고전 1:9). '교제형' 기도를 하면 주님의 뜻을 알고 주님과 동행할 수 있습니다.

| 제자생각 |

### Question 2

그리스도인이라면 누구든지 기도의 중요성에 대하여 잘 알고 있습니다. 그래서 기도에 성공하기 위해 이와 관련한 서적을 읽기도 하고, 실제로 기도해서 응답을 받기도 하고, 또한 그것을 다른 사람들에게 간증하기도 합니다. 그런데도 기도의 응답으로 살아가는 사람은 그리 많지 않습니다. 왜 이런 현상이 일어날까요?

### 💡 D3포인트

그것은 범사에 기도하지 않기 때문입니다. 어떻게 하면 범사에 기도할 수 있을까요? 혹자는 잭 핫지('습관의 힘'의 저자)의 말을 인용하여 21일간의 노력으로 기도의 습관을 가질 수 있다고 주장합니다. 그러나 기도는 마귀와의 끊임없는 영적 싸움이므로 일정 기간 반복해서 기도한다고 기도의 습관을 갖게 되는 것이 아닙니다. 많은 사람들이 기도의 응답을 받기 위해 21일, 혹은 40일, 혹은 100일씩 작정기도를 하지만 그 기간이 끝나면 기도를 게을리 하는 것을 보면 이를 알 수 있습니다. 어떻게 하면 우리가 범사에 기도하고 그 응답으로 살 수 있을까요? 예수께서 시험에 들지 않도록 '깨어 기도하라'고 하신 것처럼 항상 깨어 기도해야 합니다. 항상 깨어 기도하는 사람만이 범사에 기도할 수 있고 기도의 응답으로 살아갈 수 있습니다(눅 22:39-43).

| 제자생각 |


### Question 3

예수께서는 기도로 사셨습니다. 즉 새벽마다 기도하셨고, 특별한 경우에는 밤이 새도록 기도하셨고, 금식하며 기도하셨고, 산에서도 기도하셨고, 십자가를 지시기 전에도 기도하셨고, 심지어 십자가에 달리셨을 때에도 기도하셨습니다. 이렇게 예수께서 기도하신 것을 통하여 무엇을 알 수 있을까요?

### 💡 D3포인트

예수께서는 기도를 가장 중요하게 생각하셨다는 것입니다. 시간 사용의 순서와 양을 보면 그 사람이 무엇을 가장 중요하게 생각하는지를 알 수 있습니다. 예수께서 첫 시간을 기도로 시작하시고 기도하는 데에 많은 시간을 사용하신 것은 기도를 가장 중요하게 생각하셨기 때문입니다. 또한 예수께서 중요한 일을 결정하기 전 사람에게 묻지 않고 먼저 하나님께 물으시고, 시간과 장소를 가리시지 않고 기도하신 것도 기도를 가장 중요하게 생각하셨기 때문입니다. 우리도 예수님처럼 기도를 가장 중요하게 생각하고 항상 범사에 깨어 기도해야 합니다. 당신은 기도를 얼마나 중요하게 생각하십니까?

| 제자생각 |

### Question 4

기도를 하는 것도 중요하지만 그에 못지않게 기도의 내용도 중요합니다. 예수께서 무엇을 구해야 하는지를 가르쳐주셨는데 이를 '주기도'라고 합니다(마 6:9-13; 눅 11:2-4). 주기도를 어떻게 이해하고 있습니까?

#### D3포인트

주기도는 단순히 기도하는 방법을 가르쳐주는 것이 아니라 무엇을 구해야 할지를 가르쳐주는 기도의 모델입니다. 주기도는 크게 6가지 기원을 담고 있는데 처음 3가지는 하나님과 관련된 것이고 나머지 3가지는 사람과 관련된 것입니다.

**하늘에 계신 우리 아버지여**

우리가 기도하는 대상이 하나님이신데 그분께서 우리와 부자관계에 있음을 가르쳐줍니다.

**이름이 거룩히 여김을 받으시오며**

'이름'은 하나님의 존재와 본질 전체를 의미하고, '거룩'은 다른 것과 구별됨을 뜻하기 때문에 이는 '하나님께서 스스로 온 세상 가운데서 영광과 존귀를 받으시기를 구하라'는 것입니다.

### 나라가 임하시오며

여기서 '나라'라는 말은 '하나님의 통치가 미치는 영역'을 의미하므로 이는 '이 땅에 하나님의 통치가 임하기를 기도하라'는 뜻입니다.

### 뜻이 하늘에서 이루어진 것같이 땅에서도 이루어지이다

여기서 '뜻'은 하나님의 뜻을 가리키므로 이는 '하나님께서 모든 인류를 구원하실 계획을 세우셨는데 그 계획이 이 땅에서도 이루어지기를 기도하라'는 뜻입니다.

### 오늘 우리에게 일용할 양식을 주시옵고

'일용할 양식'은 단지 먹고 마시는 것이 아니라 우리의 삶에 매일 필요한 것을 의미하므로 이는 '주께서 날마다 우리의 모든 필요를 채워주시도록 기도하라'는 뜻입니다.

### 우리가 우리에게 죄 지은 자를 사하여 준 것같이 우리 죄를 사하여 주시옵고

이는 우리가 죄를 용서하지 않으면 주님께서 우리의 죄를 용서하지 마시도록 기도하라는 뜻이 아니라, 먼저 우리가 주님께 죄 사함을 받았기에 다른 사람의 죄를 용서하도록 기도하라는 뜻입니다.

### 우리를 시험에 들게 하지 마시옵고 다만 악에서 구하시옵소서

여기서 '시험'은 마귀의 시험을 뜻하고 '악'은 '악마'를 뜻하므로 이는 마귀의 시험에서 건짐을 받도록 기도하라는 뜻입니다.

| 제자생각 |

### Question 5

성경은 "아무 것도 염려하지 말고 다만 모든 일에 기도와 간구로, 너희 구할 것을 감사함으로 하나님께 아뢰라"(빌 4:6)고 말씀하고 있습니다. 그런데 사람들은 문제가 생기면 먼저 염려하고 기도를 하지 않습니다. 왜 이런 현상이 벌어질까요?

💡 **D3포인트**

한마디로 믿음이 없기 때문입니다. 예수께서 낙심하지 말고 기도하라고 말씀하시면서, "인자가 올 때에 세상에서 믿음을 보겠느냐"(눅 18:8)라고 말씀하신 것은 바로 이 때문입니다. 믿음과 기도는 비례하고 염려와 기도는 반비례합니다. 믿음이 커지면 기도하는 시간이 많아지고 믿음이 적어지면 기도하는 시간이 줄어듭니다. 지금 당면한 문제 앞에서 기도하지 않는 것은 믿음이 없기 때문입니다. 기도는 마스터키이므로 기도로 해결하지 못할 문제는 없습니다. 믿음으로 기도하면 모든 문제를 해결할 수 있습니다. 혹 마음을 짓누르고 있는 걱정거리가 있다면 지금 하나님께 맡기고 믿음으로 기도합시다.

| 제자생각 |

### Question 6

기도는 영혼의 호흡이기 때문에 날마다 해야 합니다. 그런데 단지 이런 이유만으로 기도를 해야 하는 것이 아닙니다. 기도하지 않으면 안 되는 또 다른 이유가 있습니다. 그것은 무엇일까요?

💡 **D3포인트**

첫째로, 하나님의 명령이기 때문입니다(살전 5:17). 기도는 하나님의 절대적인 명령이므로 모든 그리스도인은 반드시 기도해야 합니다.

둘째로, 하나님의 뜻을 알기 위해서입니다(마 26:36-47). 대화를 통하여 상대방의 생각을 알 수 있듯이 기도하면 하나님의 뜻을 알 수 있습니다.

셋째로, 하나님의 은혜를 받기 위해서입니다(욥 33:26; 사 30:19; 히 4:16). 기도는 하나님의 은혜를 받는 통로이기 때문에 기도하면 은혜를 받을 수 있습니다.

넷째로, 모든 문제를 해결받기 위해서입니다(렘 29:11-13). 하나님께서 전능하시므로 기도하면 해결받지 못할 문제가 없습니다.

다섯째로, 마귀의 시험에서 이기기 위해서입니다(마 26:41). 하나님께서 기도하는 자와 함께 하시므로 기도하면 주님의 능력으로 마귀의 시험을 이길 수 있습니다.

| 제자생각 |

### Question 7

다음은 '낙타 무릎'에 관한 글입니다. "오직 낙타만이 바람이 모래 기둥으로 일어서는 사막에서 길을 찾아 앞으로 갈 수 있습니다. 그러나 낙타도 뜨거운 모래 폭풍이 휘몰아칠 때는 가던 발을 멈추고 무릎 꿇고 모래 폭풍이 그칠 때까지 하염없이 기다립니다. 사막을 건너는 힘은 바로 참을성 있는 낙타의 무릎에서 나옵니다. 굳은살이 박힌 낙타의 무릎만이 모래 언덕을 넘을 수 있습니다." 이 글을 통하여 기도와 관련하여 어떤 교훈을 얻을 수 있을까요?

### 💡 D3포인트

첫째로, 낙타가 모래 폭풍 앞에 무릎 꿇듯이 인생의 폭풍을 만났을 때는 철저히 주님 앞에 무릎을 꿇어야 합니다. 위기를 만났어도 무릎을 꿇지 않는 것은 마음의 관절에 이상이 생겼기 때문입니다. 즉 마음이 교만해 있기 때문입니다. 구부리지 못하는 나무가 벼락을 맞아 쓰러지듯이, 인생의 위기를 만났어도 무릎을 꿇지 않는 사람은 갑자기 망하게 됩니다.

둘째로, 굳은살이 박힌 무릎만이 사막의 모래 언덕을 넘을 수 있듯이 기도의 흔적을 가진 자라야 불어닥치는 인생의 각종 위기를 극복할 수 있습니다. 야고보는 많은 시간을 기도로 보냈기 때문에 무릎에는 낙타 무릎처럼 혹이 있었고 기도했던 마룻바닥은 너무 닳아서 깊숙이 패여 있었다고 합니다. 당신에게도 기도의 흔적이 있습니까?

셋째로, 낙타가 하루를 시작할 때에 짐이 얹히기를 기다리며 주인 앞에 무릎을 꿇고, 또한 하루를 마치는 시간이 되면 등에 얹힌 짐이 내려지기를 기다리며 주인 앞에 다시 무릎을 꿇듯이, 제자는 기도로 하루를 열고 닫아야 합니다.

| 제자생각 |

### Question 8

기도에 대해 아무리 많은 지식을 갖고 있을지라도 실제로 기도하지 않는다면 그는 기도에 대해 아무 것도 모르는 사람입니다. 기도는 이론이 아니라 실제가 되어야 합니다. 기도하는 사람만이 기도의 사람이 될 수 있고, 기도의 사람만이 기도의 응답으로 살아갈 수 있습니다. 제자는 예수님의 겟세마네 동산에서 기도를 통하여 교훈을 받고 기도의 사람이 되어야 합니다(마 26:36-46).

■ 첫째로, 예수님께서 십자가를 지시기 전, 베드로와 야고보와 요한에게 자신의 고통스러운 심정을 토로하시고 자신을 위해 기도해달라고 부탁하셨습니다(마 26:37-38). 이것은 우리에게 무엇을 교훈할까요?

### D3포인트

자신의 고민을 털어놓고 함께 기도할 수 있는 기도의 동역자가 있어야 한다는 것입니다. 다른 사람의 기도를 필요로 하지 않는 사람은 아무도 없습니다. 혹 그렇게 생각하는 사람이 있다면 그는 영적으로 매우 교만한 자입니다.

- 둘째로, 예수께서는 십자가를 지시기 전, 세 번이나 "내 아버지여 만일 할 만 하시거든 이 잔을 내게서 지나가게 하옵소서 그러나 나의 원대로 마시옵고 아버지의 원대로 하옵소서"(마 26:39, 42, 44)라고 기도하셨습니다. 이것을 통하여 무엇을 깨달아야 할까요?

### 💡 D3포인트

 하나님의 뜻을 이루기 위해 기도해야 한다는 것입니다. 기도는 자신의 뜻을 이루는 수단이 아니라 주님의 뜻을 이루는 수단입니다. 예수님처럼 우리의 소원을 아뢰어도 마지막은 주님의 뜻대로 되게 해달라고 기도해야 합니다.

- 셋째로, 예수님께서 기도하시다가 제자들에게 오셔서 "시험에 들지 않도록 깨어 기도하라"(마 26:41)고 하셨지만, 다시 와 보니 제자들이 잠을 자고 있었습니다. 그러자 예수께서 "이제는 자고 쉬라 보라 때가 가까이 왔으니 인자가 죄인의 손에 팔리느니라 일어나라 함께 가자"(마 26:45-46)라고 말씀하셨습니다. 이것을 통하여 무엇을 깨달아야 할까요?

### 💡 D3포인트

 기도도 때가 있기 때문에 기도할 기회를 놓치지 말아야 한다는 것입니다. 기도는 항상 해야 하지만 특별히 기도해야 할 상황에서 기도하지 않으면 후회하게 됩니다. 제자들이 예수님을 부인하고 도망하게 된 것은 기도해야 할 시간에 한 시간을 기도하지 않고 잠을 잤기 때문입니다. 기도해야 할 때에 기도하는 자가 복된 자입니다.

| 제자생각 |

### 다음 훈련마당 준비

- 10번째 훈련마당을 미리 공부하세요.
- 마가복음 16장 15-16절, 디도서 1장 3절을 암송하세요.
- 경건의 시간을 가지세요.

열 번째 훈련마당

# 제자와 전도훈련

예수께서 제자 삼으라고 명령하시면서 '가라'고 말씀하신 것은 전도와 제자 삼는 것이 매우 밀접한 관계에 있음을 보여주는 것입니다. 즉 제자훈련은 가장 효과적인 전도방법입니다. 제자훈련을 단지 가르치고 배우는 것에서 멈춰서는 안 됩니다. 반드시 비신자를 주님께 인도하여 그를 양육하고, 그가 또 다른 사람에게 복음을 전하고 양육하는 재생산의 단계까지 나아가야 합니다. 복음을 전하지 않는 그리스도인은 예수 그리스도의 참다운 제자가 아닙니다. 제자는 성령의 인도를 따라 날마다 복음을 전해야 합니다.

## 열 번째 훈련마당
# 제자와 전도훈련

### Question 1

예수께서 제자들에게 "너희는 가서 모든 민족을 제자로 삼으라"(마 28:19)고 말씀하셨듯이 제자를 삼기 위해서는 먼저 비신자에게 찾아가서 복음을 전해야 합니다. 그런데 잃은 양을 구원하는 것은 쉬운 일이 아니기 때문에(눅 10:3) 제자훈련과정에는 반드시 전도훈련이 포함되어야 합니다. 당신은 제자훈련을 어떻게 이해하고 있습니까?

### D3포인트

제자훈련은 이미 구원받은 성도에게 비신자를 전도하고 양육하여 제자 삼을 수 있도록 훈련하는 것입니다(딤후 2:2). 즉 재생산이 제자훈련의 주 목적입니다. 따라서 제자훈련을 받고자 하는 사람은 우선적으로 비신자 전도에 깊은 관심을 가져야 합니다. 제자훈련을 단순히 성경 지식을 얻거나 믿음을 성장시키는 수단으로 생각해서는 안 됩니다.

| 제자생각 |

### Question 2

전도는 복음을 증거하는 것입니다. 복음의 문자적인 뜻이 '기쁜 소식'이고 그 내용은 예수께서 우리의 죄를 위하여 십자가에 못 박혀 죽으셨지만 삼 일 만에 다시 살아나셨다는 것입니다(고전 15:1-4). 그런데 왜 예수님의 십자가와 부활을 복음이라고 하며, 그것을 전해야 할까요?

### D3포인트

왜 예수의 십자가와 부활이 복음일까요?

모든 사람이 아담의 후손이기 때문에 죄인이라 죽어야 하고, 죽음 다음에는 심판을 받아 지옥에서 영원히 고통을 당할 수밖에 없었는데, 예수께서 우리의 죄를 대신하여 십자가에 못 박혀 죽으심으로 이 운명에서 벗어나는 길을 열어 놓으셨기 때문입니다.

왜 우리가 복음을 전해야 할까요?

그것을 믿지 않으면 구원받을 수 없기 때문입니다. "네가 만일 네 입으로 예수를 주로 시인하며 또 하나님께서 그를 죽은 자 가운데서 살리신 것을 네 마음에 믿으면 구원을 받으리라"(롬 10:9-10, 참조 요 14:6). 아직도 복음을 듣지 못하여 지옥을 향해 달려가는 자들이 많기 때문에 땅끝까지 이르러 복음을 전해야 합니다(롬 10:13-15).

| 제자생각 |

### Question 3

복음을 전해야 할 이유는 다양합니다. 무엇보다도 하나님께서 가장 기뻐하시기 때문입니다. 또 비신자가 복음을 듣고 구원을 얻게 되기 때문입니다. 또 우리가 장차 큰 상을 받게 되기 때문입니다. 즉 전도하면 하나님, 비신자, 신자 모두에게 유익하기 때문입니다. 그런데 이보다 복음을 전해야 할 더 중요한 이유가 있습니다. 그것은 무엇일까요?

### D3포인트

하나님께서 잃은 영혼을 구원하도록 하시기 위해서 먼저 우리를 자녀로 삼아주셨기 때문입니다. 즉 우리가 전도의 사명을 갖고 하나님의 자녀로 거듭났기 때문입니다. "그러나 너희는 택하신 족속이요 왕 같은 제사장들이요 거룩한 나라요 그의 소유가 된 백성이니 이는 너희를 어두운 데서 불러내어 그의 기이한 빛에 들어가게 하신 이의 아름다운 덕을 선포하게 하려 하심이라"(벧전 2:9). 복음전도는 그리스도인의 사명입니다. 따라서 전도를 생업으로 알고 전도하는 일에 목숨을 걸어야 합니다.

| 제자생각 |

### Question 4

전도는 우리의 사명이기 때문에 그리스도인이라면 빈부귀천, 나이, 학력 등에 상관없이 누구나 복음을 전해야 합니다. 그런데 이런저런 핑계를 대고 전도하지 않습니다. 혹자는 전도하는 방법을 모르기 때문에, 혹자는 사람들에게 말하는 것이 두렵기 때문에, 혹자는 전도의 은사가 없기 때문에 전도를 하지 못한다고 합니다. 그런데 성령의 충만을 받으면 누구든지 복음을 전할 수 있습니다. 어떻게 그것이 가능할까요?

#### D3포인트

성령께서는 예수님을 증언하는 영이시기 때문에 성령의 충만을 받으면 누구든지 복음을 전할 수 있습니다(요 15:26). 성경을 많이 알고, 인격이 훌륭하고, 대인관계가 좋다고 전도를 할 수 있는 것이 아닙니다. 전도는 마귀에게 종노릇하는 자를 설득해서 하나님의 자녀가 되게 하는 것이므로 결코 우리의 능력과 힘으로는 할 수 없습니다. 오직 성령의 충만을 받아야 할 수 있습니다. 누구든지 성령을 간절히 사모하고 기도하면 성령의 충만을 받아 전도할 수 있습니다(행 1:4-5, 12-14, 2:1-4).

| 제자생각 |

### Question 5

복음을 전하는 방법은 크게 두 가지로 구분할 수 있습니다. 말로 복음을 전하는 '언어전도'(롬 10:14-15)와 선한 행실로 복음을 전하는 '행실전도'(행 2:47; 벧전 3:1-2)입니다. 그런데 요즈음 '언어전도'를 부정적인 시각으로 바라보는 사람들이 많습니다. 당신은 이에 대해 어떻게 생각하십니까?

#### D3포인트

전도의 대상과 상황에 따라 전도하는 방법이 다르지만 일반적으로 처음 보는 사람에게는 '언어전도'를, 아는 사람에게는 '행실전도'를 하는 것이 좋습니다. 사도 바울이 주로 '언어전도'를 했던 것은 대부분 처음 보는 사람들에게 복음을 전했기 때문이고, 초대교회가 주로 '행실전도'를 했던 것은 주변 사람들에게 복음을 전했기 때문입니다. 우리는 다른 사람의 전도 방법을 비판하지 말고 말이든 행실이든 복음을 전해서 한 영혼이라도 구원해야 합니다.

| 제자생각 |


### Question 6

우리가 주님의 명령에 순종하여 복음을 전하지만 생각만큼 전도의 열매가 맺히지 않아 낙심할 수 있습니다. 그런데 전도를 농사에 빗대어 이해하면 낙심치않고 전도할 수 있습니다. 구체적으로 어떤 점에서 그럴까요?

#### D3포인트

첫째로, 전도의 열매에 대한 조급증이 사라집니다. 농부가 씨를 뿌려도 때가 되어야 열매를 거두듯이, 전도의 열매를 맺기 위해서는 하나님의 때를 기다려야 합니다. 혹 전도의 열매가 즉시 맺히지 않아도 실망하지 말아야 합니다.

둘째로, 전도의 결과를 주님께 맡기게 됩니다. 농부가 아무리 열심히 수고해도 적기에 비가 오지 않고 일조량이 많지 않으면 기대만큼 수확할 수 없듯이, 아무리 열심히 전도해도 하나님께서 은혜를 베풀어주시지 않으면 기대만큼 영혼을 구원할 수 없습니다. 따라서 항상 하나님의 은혜를 구하고 결과를 주님께 맡겨야 합니다.

셋째로, 소망을 갖고 복음을 전하게 됩니다. 농부가 장차 풍성한 수확을 기대하고 땅을 파고, 씨를 뿌리고, 거름을 주는 등 수고를 아끼지 않듯이, 우리도 수많은 영혼이 구원받을 것을 바라보고 시간과 물질을 쏟아부어가며 복음을 전해야 합니다. 우리가 하는 전도를 인하여 장차 하나님의 나라에서 영원히 왕 노릇할 것을 바라본다면 힘들고 어려울지라도 끝까지 복음을 전할 수 있습니다.

| 제자생각 |

### Question 7

모든 그리스도인은 복음에 빚진 자입니다. 왜냐하면 우리 모두는 누군가가 전해준 복음을 믿고 구원을 받았기 때문입니다(롬 10:14-17). 빚진 자는 빚을 갚으려고 애를 씁니다. 사도 바울이 수차례씩이나 전 세계를 다니며 복음을 전할 수 있었던 것은 복음에 빚진 자라고 생각했기 때문입니다(롬 1:14). 당신은 복음에 빚진 자라고 생각하고 있습니까?

### D3포인트

한동안 세계적인 인기스타였던 오드리 헵번이 한 인터뷰에서 이렇게 말했습니다. "저는 이민자의 딸로 태어나 어릴 적에 힘든 순간마다 다른 사람의 도움을 받았기에 평생 빚진 자라는 마음을 갖고 살아가고 있습니다." 우리가 구원을 받게 된 것은 누군가가 우리에게 전해준 복음을 믿었기 때문입니다. 즉 우리 모두는 복음의 빚진 자입니다. 그렇기 때문에 평생 복음의 빚을 갚겠다는 마음으로 복음을 전해야 합니다. 아직도 지구촌에는 복음을 듣지 못해 지옥으로 달려가는 자들이 이루 헤아릴 수 없을 정도로 많습니다. 그들에게 복음을 전하는 것이 우리가 진 복음의 빚을 갚는 길입니다.

| 제자생각 |

### Question 8

성경은 복음이 땅끝까지 증거되어야 주님께서 재림하신다고 말씀하고 있습니다(마 24:14). 즉 복음 증거와 예수님의 재림은 매우 밀접한 관계에 있습니다. 따라서 주님의 재림을 사모한다면 복음을 증거하는 일에 최선을 다해야 합니다. 특별히 주님의 재림을 앞당기기 위해서는 복음을 효과적으로 전해야 합니다. 어떻게 하면 복음을 효과적으로 전할 수 있을까요?

### D3포인트

다양한 방법으로 전도를 할 수 있지만 가장 효과적으로 복음을 전하기 위해서는 제자훈련을 통해서 전도해야 합니다. 제자훈련은 예수께서 친히 가르쳐주신 가장 효과적인 전도방법입니다. 만일 당신이 일 년에 한 사람을 전도하여 제자 삼고 그것이 계속해서 이어진다면 10년 안에 수많은 영혼이 구원받게 됩니다. 예수께서 공생애 동안 제자훈련을 하시고, 마지막 승천하시면서 "가서 제자 삼으라"고 명령하신 것은 제자훈련이 가장 효과적인 전도법이라는 것을 아셨기 때문입니다. 사도들도 이런 사실을 알았기에 이미 구원받은 성도들에게 날마다 예수는 그리스도라고 가르치고 전하는 제자훈련을 했던 것입니다('D3전도중심제자훈련'는 가장 효과적으로 전도하는 방법을 창안하여 지구촌 곳곳마다 찾아가서 돕고 있습니다. www.d3.or.kr을 참조하세요).

| 제자생각 |


### Question 9

마땅히 그리스도의 제자는 복음 증거의 삶을 살아가야 합니다. 그런데 그 시작은 결단하는 것부터입니다. 전도자로 살아갈 것을 결단하는 것과 그렇지 않은 것은 하늘과 땅만큼이나 차이가 큽니다. 남은 생애를 복음전도자로 살아가기로 결단하시겠습니까?


### 💡 D3포인트

제자훈련을 받는 가장 중요한 이유는 예수님처럼 전도자로 살아가기 위해서입니다. 따라서 본 과정을 마치면 반드시 전도자가 되어야 합니다. 전도의 목표를 너무 높게 잡으면 안 됩니다. 일 년에 세 사람을 정하고 그중에서 한 사람이라도 전도하고 양육하여 제자 삼으면 됩니다. 이렇게 결단합시다. "주여, 한 영혼이라도 전도하여 제자 삼게 하소서."

| 제자생각 |


### 🗨 다음 훈련마당 준비

- 열한 번째 훈련마당을 미리 공부하세요.
- 베드로전서 4장 10-11절을 암송하세요.
- 경건의 시간을 가지세요.

열한 번째 훈련마당

## 제자와 청지기훈련

⋮

인생은 공수래공수거(空手來空手去)입니다. 즉 누구나 빈손으로 왔다가 빈손으로 가야 합니다. 이 세상에 우리의 것은 하나도 없습니다. 우리가 주인 노릇하고 있는 시간, 물질, 재능, 심지어 목숨까지도 우리의 것이 아닙니다. 우리는 하나님께서 잠시 빌려주신 것을 관리하는 청지기에 불과합니다. 하나님께서 마지막 날 우리에게 빌려주신 것들을 결산하실 것입니다. 제자는 심판의 날에 칭찬을 받기 위해 성실한 청지기가 되어야 합니다.

## 열한 번째 훈련마당
# 제자와 청지기훈련

### Question 1

'청지기'란 타인의 집이나 재산의 관리를 위탁받은 사람을 가리킵니다. 우리나라에서는 과거 양반집에서 잡일을 맡아보거나 시중들던 사람을 뜻하기도 했습니다. 그런데 성경은 모든 그리스도인을 '하나님의 청지기'라고 말씀하고 있습니다(벧전 4:10). 왜 우리를 그렇게 부를까요?

### 💡 D3포인트

이 세상의 모든 것이 하나님의 것인데 하나님께서 우리가 그것을 사용하도록 잠시 맡겨주셨기 때문입니다. 우리는 하나님의 청지기이므로 하나님께서 맡겨주신 직분, 몸, 시간, 재능, 재물, 지구 등을 자기 마음대로 사용하지 말고 하나님의 뜻대로 사용해야 합니다.

| 제자생각 |


### Question 2

그리스도인은 각자가 맡은 직분의 청지기적 사명을 갖고 있습니다. 사도 바울은 교회의 직분자를 '하나님의 청지기'라고 말하고 있습니다(딛 1:7). 교회의 직분은 크게 항존(恒存)직과 임시(臨時)직으로 구분하는데 항존직은 안수하여 임직받는 직분으로서 목사, 장로, 집사(안수집사)를 가리키고 임시직은 안수하지 않고 세우는 직분으로 강도사, 전도사, 권사, 서리집사 등을 가리킵니다(이는 교단에 따라 다소 다를 수 있음). 어떻게 하면 직분의 청지기적 사명을 온전히 감당할 수 있을까요?

### 💡 D3포인트

하나님께서 교회에 여러 직분을 주신 것은 교회를 잘 섬기도록 하기 위해서입니다. 따라서 교회의 직분을 일종의 계급이나 신분으로 생각하지 말고 서로 섬기는 자세를 가져야 합니다. 교회의 직분으로 다른 사람 위에 군림하는 것은 직분에 대한 청지기적 사명을 제대로 감당하지 않는 것입니다.

| 제자생각 |

### Question 3

그리스도인은 각자의 몸에 대한 청지기적 사명이 있습니다. 하나님께서 값을 치르시고 우리를 사셨기 때문에 우리 몸은 주님의 것입니다. 우리의 몸은 자신의 것이 아니므로 자기 마음대로 사용해서는 안 됩니다. 어떻게 하면 각자의 몸에 대한 청지기적 사명을 온전히 감당할 수 있을까요?

### D3포인트

첫째로, 예배의 성공자가 되어야 합니다. 우리의 몸을 가장 잘 사용하는 방법은 하나님을 온전히 예배하는 것입니다. 특별히 삶으로 예배를 드리는 것은 몸에 대한 청지기적 사명을 온전히 감당하는 것입니다(롬 12:1).

둘째로, 거룩하게 살아가야 합니다. 우리의 몸은 거룩한 성전이므로 죄를 범하여 더럽히지 않아야 합니다. 죄를 범하는 것은 몸에 대한 청지기적 사명을 제대로 감당하지 않는 것입니다.

셋째로, 건강을 잘 관리해야 합니다. 우리의 몸은 주님의 것이기 때문에 방치하지 말고 병에 걸리거나 약해지지 않도록 관리해야 합니다. 건강을 제대로 관리하지 않거나 몸에 해로운 담배나 술과 환각제 등을 즐기는 것은 몸에 대한 청지기적 사명을 온전히 감당하지 않는 것입니다.

| 제자생각 |

**Question 4**

그리스도인은 시간에 대한 청지기적 사명이 있습니다. 따라서 시간의 주인이신 하나님의 뜻에 따라 지혜롭게 사용해야 합니다. 성경은 "너희가 어떻게 행할지를 자세히 주의하여 지혜 없는 자 같이 하지 말고 오직 지혜 있는 자 같이 하여 세월을 아끼라 때가 악하니라"(엡 5:15-16)라고 권면합니다. 어떻게 하면 시간에 대한 청지기적 사명을 온전히 감당할 수 있을까요?

### D3포인트

첫째로, 시간을 어떻게 사용해야 할지에 대해 주님께 물어야 합니다. 우리는 시간의 주인이 아니기 때문에 시간 사용에 대해 주님께 물어야 합니다. 주님께 묻지 않고 자기 마음대로 시간을 사용하는 것은 인생을 낭비하는 것입니다.

둘째로, 종말론적인 사고로 살아야 합니다. 오늘이 마지막이라고 생각하는 사람은 시간을 낭비하지 않습니다(골 4:5). 사도 바울이 시간의 청지기적 사명을 제대로 감당할 수 있었던 것은 늘 종말론적인 사고를 가지고 살았기 때문입니다(살전 4:13-18).

셋째로, 첫 시간을 주님께 드려야 합니다. 하나님께서는 첫 것을 좋아하십니다. 날마다 첫 시간을 주님께 드리면 주님께서 기뻐하시고 남은 시간을 잘 사용할 수 있도록 지혜를 주십니다. 그래서 세상일에 시간을 허비하지 않게 하시고 주의 일에 더 많은 시간을 사용하게 하십니다.

| 제자생각 |

Question 5

그리스도인은 재능에 대한 청지기적 사명이 있습니다. 재능에는 일반적인 재능과 영적인 은사가 있는데, 그리스도인이 사회를 위하여 직업으로 봉사하는 것은 일반적인 재능에 의한 것이고, 교회를 위하여 봉사하는 것은 영적인 은사에 의한 것입니다. 어떻게 하면 우리가 재능에 대한 청지기적 사명을 감당할 수 있을까요?

### D3포인트

첫째로, 모든 재능은 하나님께서 주신 것인 줄 알고 겸손해야 합니다. 자기가 후천적으로 부단한 연습을 통하여 재능을 향상시켰어도 하나님께서 주신 것임을 알아야 합니다. 남다른 재능이 있다고 교만한 마음을 갖는 것은 재능의 주인이 하나님이 아니라 자신이라고 생각하는 것입니다.

둘째로, 자신의 유익을 위해 재능을 사용하지 말고 다른 사람의 유익을 위하여 사용해야 합니다. 하나님께서 각자에게 재능을 주신 것은 자신을 위해서가 아니라 다른 사람을 위해서입니다. 따라서 재능을 다른 사람을 위해 사용하지 않고 자기 자신을 위해서만 사용한다면 재능의 청지기적 사명을 감당하지 못하고 있는 것입니다.

셋째로, 하나님께서 주신 재능을 개발해야 합니다. 자신의 게으름으로 하나님께서 주신 재능들을 땅에 묻어두면 안 됩니다(마 25장). 달란트 비유에서 다섯 달란트와 두 달란트를 받은 종이 장사하여 이윤을 남긴 것처럼 우리는 각자의 재능을 개발하여 더 많은 열매를 맺어야 합니다.

| 제자생각 |


Question 6

그리스도인은 재물에 대한 청지기적 사명이 있습니다. 세상에 올 때에 빈손으로 왔기 때문에 우리가 가진 모든 재물은 우리의 것이 아니라 주님의 것입니다. 주님께서 잠시 관리하라고 맡겨주셨기 때문에 잘 관리해야 합니다. 어떻게 하면 재물에 대한 청지기적 사명을 온전히 감당할 수 있을까요?

### D3포인트

첫째로, 물질의 주인이신 하나님께 드려야 합니다(마 6:24). 그리스도인은 십일조 및 각종 헌금을 드려야 합니다. 십일조는 십분의 일을 드려서 모든 것이 하나님의 것임을 고백하는 것입니다(말 3:10-12, 참조 레 27:30; 마 23:23). 따라서 온전히 십일조를 드리지 않는 것은 물질의 청지기적 사명을 감당하지 않고 있는 것입니다.

둘째로, 하나님의 뜻에 맞게 재물을 사용해야 합니다. 우리는 재물의 주인이 아니기 때문에 자기의 뜻대로 사용하지 말고 하나님의 뜻대로 사용해야 합니다. 하나님의 뜻을 묻지 않고 자기 마음대로 물질을 사용하는 것은 물질의 청지기적 사명을 제대로 감당하지 않고 있는 것입니다.

셋째로, 재물이 많아져도 교만하지 말아야 합니다. 재물이 많아진 것은 자신의 능력이 아니라, 재물 얻을 능력조차도 하나님께서 주신 것이기 때문에 결코 교만해서는 안됩니다(신 8:18). 많은 재물을 인하여 마음이 교만해지는 것은 물질의 청지기적 사명을 감당하지 않고 있는 것입니다.

| 제자생각 |

### Question 7

그리스도인은 지구에 대한 청지기적 사명이 있습니다. 과학의 발달로 인해 편리한 삶을 살고 있지만, 지구는 공기와 물과 땅의 오염 등으로 크게 신음하고 있습니다. 하나님께서 이 세상을 잘 관리하도록 우리에게 위임하셨기 때문에 국민의 5대 의무 중 하나인 환경보전의 의무를 잘 감당해야 합니다. 어떻게 하면 지구에 대한 청지기적 사명을 잘 감당할 수 있을까요?

### D3포인트

첫째로, 하나님께서 세상을 우리에게 맡기셨음을 알아야 합니다(창 1:28). 그리스도인은 개발을 빌미로 함부로 생태계를 파괴하지 말아야 합니다.

둘째로, 모든 피조물이 구원받아야 할 대상임을 알아야 합니다(롬 8:19-23). 사람이 구원의 대상이기에 사랑하듯이 피조물 역시 구원의 대상이므로 사랑해야 합니다.

셋째로, 모든 자원에는 한계가 있음을 알고 자원을 낭비하지 말아야 합니다. 예수께서 보리떡 다섯 개와 물고기 두 마리(오병이어)로 오천 명 이상을 먹이시는 기적을 행하셨지만 남은 음식을 버리지 못하게 하셨습니다(요 6:12).

| 제자생각 |


### Question 8

'옳지 않은 청지기 비유'(눅 16:1-13)는 난해한 비유 중 하나로 알려져 있습니다. 왜냐하면 예수께서 주인에게 묻지 않고 자기 마음대로 주인의 빚을 탕감해준 청지기를 칭찬하셨기 때문입니다. 예수께서 어떤 점을 지혜롭다고 칭찬하신 것일까요?

### D3포인트

예수께서 이 청지기를 지혜롭다고 칭찬하신 것은 그가 자신의 미래를 준비했기 때문입니다. 하나님께서는 우리에게 맡겨주신 시간과 물질과 몸과 재능을 잠시 육신의 쾌락을 위해서가 아니라 장차 천국에서 받을 상을 위해 사용하는 자를 지혜롭다고 칭찬하십니다. 하나님께서 보시기에 가장 미련한 자는 우리에게 잠시 맡겨주신 것들을 천국의 상을 위해서가 아니라 잠시 육신의 쾌락을 위해서 사용하는 자입니다. 당신은 하나님께서 잠시 맡기신 것들을 무엇을 위해 사용하고 있습니까?

| 제자생각 |

### Question 9

하나님께서 맡겨주신 직분, 몸, 시간, 재물, 재능 등의 청지기적 사명을 잘 감당하면 그에 따르는 상이 있습니다. 각각 어떤 상을 받게 될까요?

#### D3포인트

첫째로, 직분의 청지기적 사명을 잘 감당하면 아름다운 지위와 그리스도 예수 안에 있는 믿음에 큰 담력을 얻게 됩니다(딤전 3:13).

둘째로, 몸의 청지기적 사명을 잘 감당하면 참된 생명을 취하게 됩니다(딤전 6:17-19). '참된 생명을 취하게 된다'는 것은 영적인 생명의 풍성함을 누리게 된다는 뜻입니다.

셋째로, 시간의 청지기적 사명을 잘 감당하면 장차 천국에서 영생을 누리게 됩니다. 성경은 "그런즉 너희가 어떻게 행할지를 자세히 주의하여 지혜없는 자 같이 하지 말고 오직 지혜있는 자 같이 하여 세월을 아끼라 때가 악하니라(엡 5:15-16)"고 말씀하고 있습니다.

넷째로, 재물의 청지기적 사명을 온전히 감당하면 물질의 복을 받습니다(말 3:10). 많이 심은 자에게는 많이 주시고 적게 심은 자에게는 적게 주십니다(고후 9:6).

다섯째로, 재능의 청지기적 사명을 온전히 감당하면 더 많은 것을 맡겨주시고 하나님의 즐거움에 참여하게 됩니다(마 25:21, 23).

여섯째로, 모든 청지기적 사명을 온전히 감당하면 현세와 내세에 상을 받습니다(막 10:28-30; 계 2:10). 반면에 청지기적 사명을 제대로 감당하지 못한 자는 금생과 내세에 상을 받지 못합니다.

| 제자생각 |

### 다음 훈련마당 준비

- 열두 번째 훈련마당을 미리 공부하세요.
- 야고보서 1장 26절, 베드로전서 3장 9절을 암송하세요.
- 경건의 시간을 가지세요.

열두 번째 훈련마당

# 제자와
# 언어훈련

⋮

　그리스도인은 새 사람이기 때문에 언어가 바뀌어야 합니다. '죽겠다'는 '살겠다'로, '못 하겠다'는 '할 수 있다'로, '안 된다'는 '하면 된다'로, '원망과 불평'은 '축복과 감사'로 바꾸어야 합니다. 하나님의 자녀가 되었지만 언어가 바뀌지 않으면 하나님의 자녀답게 살아갈 수 없습니다. 제자는 언어생활에 본을 보여야 합니다.

### 열두 번째 훈련마당
# 제자와 언어훈련

### Question 1

야고보가 "우리가 다 실수가 많으니 만일 말에 실수가 없는 자라면 온전한 사람이라"(약 3:2)고 말하고 있듯이, 말 실수가 없는 사람은 찾아보기 힘듭니다. 그런데 말은 우리의 인생에 지대한 영향을 미치기 때문에 언제나 유의해야 합니다. 어떻게 하면 말 실수를 줄일 수 있을까요?

#### D3포인트

말 실수는 크게 두 가지 이유로 발생합니다. 첫째로, 조급하게 말하기 때문입니다. 따라서 말하기 전에는 깊이 생각하는 것을 훈련해야 합니다. "의인의 마음은 대답할 말을 깊이 생각하여도 악인의 입은 악을 쏟느니라"(잠 15:28). 둘째로, 말을 많이 하기 때문입니다. 따라서 침묵하는 훈련을 해야 합니다. "… 그런즉 마땅히 말을 적게 할 것이라. 걱정이 많으면 꿈이 생기고 말이 많으면 우매자의 소리가 나타나느니라"(전도서 5:2-3).

| 제자생각 |


### Question 2

사람은 하루도 말을 하지 않고는 살아갈 수 없습니다. 그런데 말의 위력이 얼마나 대단한지를 아는 사람은 그리 많지 않습니다. 당신은 말에 얼마나 큰 힘이 있다고 생각합니까?

#### D3포인트

모든 행동은 뇌의 지시를 받는데 뇌세포의 98%가 말의 지배를 받기 때문에 말은 우리의 삶에 절대적인 영향을 미칩니다. 하나님께서 세상을 말씀으로 창조하셨듯이 말에는 창조적 능력이 있습니다. 그래서 누에가 그 입에서 300m나 되는 실을 뽑아서 집을 짓고 결국 그 속에 들어가 살듯이, 사람의 운명도 자신이 내뱉은 말에 의해 결정되는 것입니다(잠 6:2).

| 제자생각 |

### Question 3

이스라엘 백성들은 출애굽의 기적을 맛본 후에도 홍해를 건너고, 광야에서 날마다 하늘에서 내리는 만나와 메추라기를 먹고, 반석을 쳐서 물을 마시는 등 수많은 기적 속에 살았습니다. 하지만 조금만 어려운 일이 생기면 불평하고 하나님과 인도자 모세를 원망했습니다. 이처럼 우리도 마귀에게 종노릇하다가 주의 은혜로 구원받아 하나님의 자녀가 되었지만, 감사하지 못하고 불평과 원망 속에 살아가는 경우가 많습니다. 왜 이런 현상이 일어나는 것일까요?

### D3포인트

신분은 하루아침에 바뀌었지만 옛 습관은 아직 바뀌지 않았기 때문입니다. 즉 이스라엘 백성들이 출애굽하여 자유인이 되었지만, 400년간 종살이할 때 불평하고 원망하던 습관을 버리지 못했기 때문입니다. 우리가 하나님의 자녀임에도 불구하고 감사하지 않고 불평과 원망 가운데 살아가는 것은 과거 마귀에게 종노릇할 때 가졌던 습관을 버리지 않았기 때문입니다. 하나님의 자녀답게 언어생활을 하기 위해서는 옛 사람을 벗어버리고 새 사람이 되기 위해 부단히 노력해야 합니다.

| 제자생각 |

**Question 4**

그런데 우리가 원망과 불평의 습관을 버리기 위해 발버둥쳐도 쉽게 옛 습관을 떨칠 수 없습니다. 왜 그럴까요? 원망과 불평의 배후에 마귀가 자리하고 있기 때문입니다. 어떻게 하면 원망과 불평의 습관에서 벗어날 수 있을까요?

### D3포인트

욥을 통하여 그 비결을 배울 수 있습니다. 욥은 갑자기 엄청난 재앙을 당했지만 한마디도 원망하거나 불평하지 않고 도리어 하나님을 찬송했습니다. 그가 그렇게 할 수 있었던 것은 모든 것이 주님께로부터 왔다가 주님께로 돌아간다는 것을 믿고 있었기 때문입니다(욥 1:21-22). 우리도 하나님의 절대주권을 인정하면 욥처럼 재앙을 당할지라도 원망하지 않고 감사할 수 있습니다.

| 제자생각 |


**Question 5**

이스라엘 백성들이 40년간 광야에서 많은 기적을 경험했지만 그들은 기회만 나면 하나님과 모세를 원망했습니다. 광야는 모든 것이 불편하기 때문에 어찌 보면 그들의 원망과 불평을 당연하다고 생각할 수 있습니다. 그런데 하나님께서는 광야에서 원망을 일삼던 이스라엘 백성들을 가차 없이 심판하셨습니다. 이것은 우리에게 무엇을 교훈할까요?

### D3포인트

원망에는 반드시 하나님의 심판이 있기 때문에 이유를 불문하고 원망하지 말아야 한다는 것입니다. "그들 가운데 어떤 사람들이 원망하다가 멸망시키는 자에게 멸망하였나니 너희는 그들과 같이 원망하지 말라 그들에게 일어난 이런 일은 본보기가 되고 또한 말세를 만난 우리를 깨우치기 위하여 기록되었느니라"(고전 10:10-11). 인생은 선택입니다. 감사의 말을 해서 하나님께 복을 받아야지 원망과 불평을 말해서 심판을 받지 말아야 합니다. 원망과 불평의 배후에는 마귀가 있고 감사의 배후에는 성령께서 계십니다.

| 제자생각 |

### Question 6

말은 크게 '유익한 말', '해로운 말', '무익한 말'로 구분할 수 있습니다. 그런데 예수께서는 '해로운 말'은 고사하고 '무익한 말'만 해도 심판을 받는다고 하셨습니다. "사람이 무슨 무익한 말을 하든지 심판 날에 이에 대하여 심문을 받으리니 네 말로 의롭다 함을 받고 네 말로 정죄함을 받으리라"(마 12:36-37). 이렇게 말씀하신 것을 통하여 무엇을 깨달아야 할까요?

### 💡 D3포인트

유익한 말만 해야 한다는 것입니다. 우리가 말한 대로 하나님께서 일하시기 때문에 '해로운 말'과 '무익한 말'은 입 밖에도 내지 말아야 합니다(민 14:28). '유익한 말'은 덕을 세우고 듣는 자들에게 은혜를 끼치지만 '해로운 말'과 '무익한 말'은 말하는 자나 듣는 자에게 해로울 뿐입니다(엡 4:29).

| 제자생각 |

**Question 7**

사도 바울은 고린도교회 성도들에게 다음과 같이 권면했습니다. "형제들아 내가 우리 주 예수 그리스도의 이름으로 너희를 권하노니 모두가 같은 말을 하고 너희 가운데 분쟁이 없이 같은 마음과 같은 뜻으로 온전히 합하라"(고전 1:10). 왜 바울이 그렇게 권면했을까요?

💡 **D3포인트**

교회는 머리이신 예수 그리스도의 지시를 받아 일사분란하게 움직여야 하는 비전 공동체이기 때문입니다. 모두가 '같은 말'을 하라는 것은 모든 성도들이 동일한 단어나 일치된 구호를 사용하라는 뜻이 아닙니다. 또한 서로 다른 견해를 가져서는 안 된다는 뜻도 아닙니다. 이는 교회의 일치를 가져오는 말을 해야 한다는 뜻입니다. 혹 누군가가 교회의 분열을 초래하는 말을 하면 동조하지 말아야 합니다. 왜냐하면 분열의 배후에는 마귀가 역사하기 때문입니다.

| 제자생각 |

**Question 8**

말에 실수가 없을 수 없지만 부단히 노력하면 좋은 언어습관을 갖게 되어 하나님을 기쁘시게 할 뿐 아니라 사람들과 좋은 관계를 맺음으로 성공적인 인생을 살아갈 수 있습니다. 어떤 말을 자주 사용하면 좋은 언어습관을 몸에 배게 할 수 있을까요?

■ 첫째로, 축복하는 말을 해야 합니다(벧전 3:9-10).

💡 **D3포인트**

그리스도인은 다른 사람을 축복하기 위해 부르심을 받은 자이므로 다른 사람을 축복해야 합니다. 축복의 말을 많이 할수록 행복감이 높아집니다. 축복과 행복은 비례합니다.

■ 둘째로, 칭찬하는 말을 해야 합니다(고전 11:2).

💡 D3포인트
  사람은 누구나 장단점을 갖고 있는데 단점을 보고 비판하지 말고 장점을 보고 칭찬해야 합니다. 비판은 사람을 넘어뜨리지만 칭찬은 사람을 세워줍니다.

■ 셋째로, 긍정의 말을 해야 합니다(빌 4:13).

💡 D3포인트
  하나님의 절대주권을 믿는 그리스도인은 어떤 상황에서도 부정을 말하지 말고 긍정을 말해야 합니다. 부정적인 상황에서도 긍정을 말하면 좋은 일이 생기고, 좋은 상황에서도 부정을 말하면 나쁜 일이 생깁니다.

■ 넷째로, 감사의 말을 해야 합니다(시편 50:23).

💡 D3포인트
  구원받은 사람은 어떤 상황에서도 감사해야 합니다. 왜냐하면 영원한 지옥의 고통에서 구원받았기 때문입니다. 하나님께서는 감사로 제사를 드리는 자에게 구원을 베풀어주십니다.

- **다섯째로, 믿음의 말을 해야 합니다**(막 11:23).

💡 **D3포인트**

'믿음의 말'은 하나님의 약속의 말씀을 믿는 믿음을 언어로 표현한 것입니다. 믿음의 말은 하나님을 기쁘시게 할 뿐 아니라 듣는 사람들에게는 큰 힘과 용기를 줍니다.

- **여섯째로, 선한 말을 해야 합니다**(엡 4:29).

💡 **D3포인트**

선한 말이란 악의를 품지 않고 하는 말입니다. 즉 선의로 하는 말입니다. 선한 말은 듣는 자들에게 은혜를 끼치지만 악한 말은 상처를 입힙니다.

- **일곱째로, 진실한 말을 해야 합니다**(슥 8:16; 참조 시 15:1-3; 잠 12:22).

💡 **D3포인트**

마귀는 자기의 때가 얼마 남지 않은 것을 알고 온갖 거짓으로 성도들을 공격하고 있지만 마귀의 자녀에서 하나님의 자녀가 되었기에 거짓을 버리고 진실을 말해야 합니다. 손해를 보더라도 진실을 말해야 합니다.

| 제자생각 |

## congratulation

## D3

### 전도중심제자훈련시스템

'D3전도중심제자훈련'의 제자훈련과정(제3권) 수료를 진심으로 축하드립니다. 본 과정을 마치신 분은 사역자훈련을 받은 후 복음을 전하고 가르쳐 제자 삼아야 합니다(제1,2권만으로 훈련받아 이미 사역자가 되신 분들은 본서를 사역자보충훈련교재로 사용합니다).

D3전도중심제자훈련, 제자훈련과정 개정판

# 스피드제자만들기

ⓒ 도서출판 우리하나 2017 안창천 지음
초판 1쇄 발행 2008년 9월 1일
초판 10쇄 발행 2016년 4월 16일
개정판 1쇄 발행 2017년 9월 1일
개정판 2쇄 발행 2022년 1월 11일

지 은 이 안창천
펴 낸 이 D3평신도사역연구소
펴 낸 곳 도서출판 우리하나

기　　획 이카림
디 자 인 이진아
책임교정 정혜지 공영배
인　　쇄 ㈜키움 Printing
등 록 일 2007년 4월 16일
등록번호 제 313-2007-96호
주　　소 서울시 마포구 독막로 18길 31, 3층(상수동)
주문전화 02-333-0091
전자메일 pacc9191@daum.net
웹사이트 www.d3.or.kr

ⓒ 저자와의 협약아래 인지는 생략되어 있습니다.
이 출판물은 저작권법에 따라 무단 복제할 수 없습니다.

값 8,000
ISBN 978-89-93476-35-4(03230)

도서출판 우리하나는
'D3전도중심제자훈련'를 적극 지원합니다.

이 도서의 국립중앙도서관 출판예정도서목록(CIP)은
서지정보유통지원시스템 홈페이지(http://seoji.nl.go.kr)와 국가자료공동목록시스템
(http://www.nl.go.kr/kolisnet)에서 이용하실 수 있습니다. (CIP제어번호: CIP2017019111)